本书由

中央高校建设世界一流大学（学科）

和特色发展引导专项资金

资助

中南财经政法大学“双一流”建设文库

创｜新｜治｜理｜系｜列｜

# 刑事速裁程序改革研究

陆 海 著

长江出版传媒
湖北人民出版社

**图书在版编目（CIP）数据**

**刑事速裁程序改革研究** / 陆海著.
武汉：湖北人民出版社, 2019.12
ISBN 978-7-216-09930-1
Ⅰ. 刑…　Ⅱ. 陆…　Ⅲ. 刑事诉讼—诉讼程序—体制改革—研究—中国
Ⅳ. D925.218.04
中国版本图书馆CIP数据核字(2020)第018636号

责任编辑：刘　佳
封面设计：陈宇琰
　　　　　张　弦
责任校对：范承勇
责任印制：肖迎军

**刑事速裁程序改革研究**
XINGSHI SUCAICHENGXU GAIGE YANJIU　　　陆海　著

**出版发行**:湖北人民出版社　　**地址**:武汉市雄楚大道268号
**印刷**:武汉科源印刷设计有限公司　　**邮编**:430070
**开本**:787毫米×1092毫米　1/16　　**印张**:11.75
**字数**:206千字　　**插页**:2
**版次**:2019年12月第1版　　**印次**:2019年12月第1次印刷
**书号**:ISBN 978-7-216-09930-1　　**定价**:45.00元

本社网址：http://www.hbpp.com.cn
本社旗舰店：http://hbrmcbs.tmall.com
读者服务部电话：027-87679656
投诉举报电话：027-87679757

# 总 序

“中南财经政法大学‘双一流’建设文库”是中南财经政法大学组织出版的系列学术图书，是学校“双一流”建设的特色项目和重要学术成果的展现。

中南财经政法大学源起于1948年以邓小平为第一书记的中共中央中原局在挺进中原、解放全中国的革命烽烟中创建的中原大学。1953年，以中原大学财经学院、政法学院为基础，荟萃中南地区多所高等院校的财经、政法系科与学术精英，成立中南财经学院和中南政法学院。之后学校历经湖北大学、湖北财经专科学校、湖北财经学院、复建中南政法学院、中南财经大学的发展时期。2000年5月26日，同根同源的中南财经大学与中南政法学院合并组建“中南财经政法大学”，成为一所财经、政法“强强联合”的人文社科类高校。2005年，学校入选国家“211工程”重点建设高校；2011年，学校入选国家“985工程优势学科创新平台”项目重点建设高校；2017年，学校入选世界一流大学和一流学科（简称“双一流”）建设高校。70年来，中南财经政法大学与新中国同呼吸、共命运，奋勇投身于中华民族从自强独立走向民主富强的复兴征程，参与缔造了新中国高等财经、政法教育从创立到繁荣的学科历史。

“板凳要坐十年冷，文章不写一句空。”作为一所传承红色基因的人文社科大学，中南财经政法大学将范文澜和潘梓年等前贤们坚守的马克思主义革命学风和严谨务实的学术品格内化为学术文化基因。学校继承优良学术传统，深入推进师德师风建设，改革完善人才引育机制，营造风清气正的学术氛围，为人才辈出提供良好的学术环境。入选“双一流”建设高校，是党和国家对学校70年办学历史、办学成就和办学特色的充分认可。“中南大”人不忘初心、牢记使命，以立德树人为根本，以“中国特色、世界一流”为核心，坚持内涵发展，“双一流”建设取得显著进步：学科体系不断健全，人才体系初步成型，师资队伍不断壮大，研究水平和创新能力不断提高，现代大学治理体系不断完善，国际交流合作优化升级，综合实力和核心竞争力显著提升，为在2048年建校百年时，实现主干学科跻身世界一流学科行列的发展愿景打下了坚实根基。

习近平总书记指出：“当代中国正经历着我国历史上最为广泛而深刻的社会变革，也正在进行着人类历史上最为宏大而独特的实践创新。……这是一个需要理论而且一定能够产生理论的时代，这是一个需要思想而且一定能够产生思想的时代。”[①]坚持和发展中国特色社会主义，统筹推进“五位一体”总体布局和协调推进“四个全面”战略布局，实现“两个一百年”奋斗目标、实现中华民族伟大复兴的中国梦，需要构建中国特色哲学社会科学体系。市场经济就是法治经济，法学和经济学是哲学社会科学的重要支撑学科，是新时代构建中国特色哲学社会科学体系的着力点、着重点。法学与经济学交叉融合成为哲学社会科学创新发展的重要动力，也为塑造中国学术自主性提供了重大机遇。学校坚持财经政法融通的办学定位和学科学术发展战略，“双一流”建设以来，以“法与经济学科群”为引领，以构建中国特色法学和经济学学科、学术、话语体系为己任，立足新时代中国特色社会主义伟大实践，发掘中国传统经济思想、法律文化智慧，提炼中国经济发展与法治实践经验，推动马克思主义法学和经济学中国化、现代化、国际化，产出了一批高质量的研究成果，“中南财经政法大学‘双一流’建设文库”即为其中部分学术成果的展现。

文库首批遴选、出版两百余册专著，以区域发展、长江经济带、“一带一路”、创新治理、中国经济发展、贸易冲突、全球治理、数字经济、文化传承、生态文明等十个主题系列呈现，通过问题导向、概念共享，探寻中华文明生生不息的内在复杂性与合理性，阐释新时代中国经济、法治成就与自信，展望人类命运共同体构建过程中所呈现的新生态体系，为解决全球经济、法治问题提供创新性思路和方案，进一步促进财经政法融合发展、范式更新。本文库的著者有德高望重的学科开拓者、奠基人，有风华正茂的学术带头人和领军人物，亦有崭露头角的青年一代，老中青学者秉持家国情怀，述学立论、建言献策，彰显“中南大”经世济民的学术底蕴和薪火相传的人才体系。放眼未来、走向世界，我们正以习近平新时代中国特色社会主义思想为指导，砥砺前行，凝心聚力推进“双一流”加快建设、特色建设、高质量建设，开创“中南学派”，以中国理论、中国实践引领法学和经济学研究的国际前沿，为世界经济发展、法治建设做出卓越贡献。为此，我们将积极回应社会发展出现的新问题、新趋势，不断推出新的主题系列，以增强文库的开放性和丰富性。

“中南财经政法大学‘双一流’建设文库”的出版工作是一个系统工程，它的推进得到相关学院和出版单位的鼎力支持，学者们精益求精、数易其稿，付出极大辛劳。在此，我们向所有作者以及参与编纂出版工作的同志们致以诚挚的谢意！

因时间所囿，不妥之处还恳请广大读者和同行包涵、指正！

中南财经政法大学校长

---

① 习近平：《在哲学社会科学工作座谈会上的讲话》，2016年5月17日。

# 摘要

刑事速裁程序是刑事诉讼理论研究的重要问题，同时也是司法改革刑事领域中实践性的前沿问题。在2018年《刑事诉讼法》确立刑事速裁程序之前，围绕着刑事速裁程序的构建与完善，实务界已经启动了大规模的立法试验。2014年起，刑事速裁试点工作在18个城市展开，此次试点经全国人大授权，由最高人民法院、最高人民检察院负责推进。旨在减轻司法压力。2016年、2017年“两高”分别公布的《刑事速裁试点中期报告》与《认罪认罚试点中期报告》表明，刑事速裁试点工作已经取得了显著效果。然而从整体上研究，在立法层面，我国尚未形成层次性的刑事诉讼程序，刑事速裁程序与简易程序存在一些交叉重合的问题，配套措施的设置也不够科学；在司法层面，刑事速裁程序的适用范围、审理方式、量刑减让、法律援助等方面存在本地化差异，试点期间暴露出来的操作标准不统一、人权保障不足、值班律师角色不明等问题都需要深入研究。因此，完善刑事速裁程序中的具体规则设计，赋予并保障诉讼参与人的合法权益，健全相关配套措施，是我国刑事速裁制度改革的应然选择。

从改革的态度对刑事速裁程序展开研究，首先要厘清作为改革对象的刑事速裁程序之范畴。在理论上，刑事速裁程序的概念有广义与狭义之分。广义上的刑事速裁程序是指包括简易程序、处罚令程序等在内的所有快速审判程序；狭义上的刑事速裁程序仅仅指被告人认罪且可能判处三年有期徒刑以下刑罚，量刑多为社区服务和罚金刑的速裁程序。从认罪、轻罪、协商这些刑事速裁程序内涵的因素，可见刑事速裁程序与简易程序、辩诉交易、认罪认罚从宽制度并非割裂的个体，而是交叉结合的整体。刑事速裁程序的产生依赖于刑事诉讼程序的演进，是刑事诉讼程序在朝着科学化、精细化发展过程中出现的一种新的简易程序类型。诉讼价值观、刑罚目的观、法律实用主义、权利本位主义等观念的转变，为各国构建刑事速裁程序提供了理论支撑。

对刑事速裁程序进行改革其次需要全面把握其理论基础、价值目标以及改革背景，如此才能保证改革路径的合法性与正当性。控制犯罪是刑法的目的之一，刑事速裁程序的规范适用能够鼓励被追诉人作出认罪认罚的选择，进而达到控制犯罪的目的。刑事速裁程序以被追诉人认罪为前提，法官裁判时会在量刑上予以优惠，从而使其能尽快从诉累中解脱出来，有效避免被告人与社会的长期脱节。刑事速裁程序的诉讼法学基础包括诉讼程序的多元化、起诉便宜主义、当事人核心主义的内涵。在经济理性的影响下，只有注重法律的实用主义价值和效率价值，设置与其重要性、复杂性对应的诉讼程序，才能应对复杂多样的刑事案件。在新一轮司法改革的背景下，建立健全我国的刑事速裁程序，既是轻微犯罪案件处理的现实需求、司法权力运行规律的应有之义，也是刑事司法观念更新的客观要求与刑事诉讼构造调整的必然反映。

厘清刑事速裁程序的概念、特征与基本原理后，只有从理论结合实践的角度出发，才能对刑事速裁程序的立法实践作出有效的分析。尽管在我国，刑事速裁程序对刑事诉讼效率的促进已经被三年有余的试点所证明，并且被纳入了《刑事诉讼法》规范之中，但在立法层面仍然属于崭新的尝试。故有必要对域外先进、成熟的法律规则进行学习与借鉴，才能够更好地完善我国的刑事速裁程序，提升在刑事速裁程序规范方面的立法能力。基于此，通过选取英美法系的美国、英国与大陆法系的德国、日本、意大利、法国等域外典型国家，以不同法系、不同国家的不同刑事诉讼规范特色概括切入，介绍与分析前述国家的刑事诉讼制度中有关轻微刑案简化处理的主要规定，从该类制度的适用、建构、选择及救济四个方面，再比较和归纳不同国家规范方法的基础上，提炼出可供我国刑事速裁程序修缮参考的立法启示。

在不同的法律制度建制的过程中，域外的相关经验无疑具有借鉴意义，但要真正发挥其对我国各项具体程序的积极作用，就必须以对该项程序的清晰认知为前提。对于我国而言，刑事速裁程序并非是全新的舶来之物，而是一直属于轻罪案件快速办理制度中的有机组成。从我国近代有关轻罪案件快速办理的立法开始，到中华人民共和国成立初期的速决程序、1996年《刑事诉讼法》确立的刑事简易程序、2012年《刑事诉讼法》引入的刑事和解程序以及近年来与速裁程序有关的工作意见或办法，展现了我国速裁程序立法发展的过程。2014年，我国刑事速裁程序在18个省市开展为期两年的试点工作。在试点地区，符合条件的犯罪嫌疑人可以自由选择是否适用刑事速裁程序。2016年开展的认罪认罚从宽试点改革，扩大了刑事速裁适用范围。2018年10月26日，新的《刑事诉讼法》修正案正式通过，“刑事速裁程序”以专节的形式被纳入立法体系，与之相关的认罪认罚从宽制度、值班律师制度也反映在修正后的刑事诉讼法中。

法律实证研究较之法教义学研究具有重要的补强意义，能够让研究者更加全面、准确地把握法律规范及其实施情况。刑事速裁程序在试点地区的实施，对于节约司法资源、提高诉讼效率起到了积极作用，有效缓解了刑事案件司法诉讼的压力，为刑事案件的快速办理开创了良好路径。特别是当刑事速裁程序的适用范围从“一年以下有期徒刑”扩展到“三年以下有期徒刑”以后，其处理轻罪案件的分流功能迅速增强，更为契合刑事司法圈扩大的需要，在试点地区也获得了本地化的改良与发展。但另一方面，速裁程序在一些地区依旧存在适用保守、落实不够等情况，适用率尚存一定的进步空间。更值得重视的是，量刑减让标准的不统一、被告人诉讼权益保障力度的不足等问题，使刑事速裁程序的科学性、合法性无法完全落实，这都为刑事速裁程序的改革带来了新的问题和机遇。

作为当今世界各国重要的轻罪快速审理方式之一，刑事速裁程序无论是在其他国家还是在我国都表明其具有难以替代的优势。如果刑事速裁程序的功能不能彰显，刑事案件就难以实现繁简分流，也无法实现“以审判为中心”的宏大改革目标。完善我国的刑事速裁程序，首先，应当在明确刑事速裁程序的基本原则与功能定位的基础上，从案件层面和主体层面来设计刑事速裁程序的体系化标准；其次，从细化刑事速裁程序的适用条件，增设刑事速裁程序书面审方式，完善刑事速裁程序的证明标准，优化刑事速裁程序的流程管理四个方面，来制定我国刑事速裁程序的具体改革方案；最后，行之有效的刑事速裁制度应当有体系化的制度设计，因此配套措施的完善必不可少，庭前认罪机制、量刑减让机制、值班律师制度、社区矫正机制等一系列与速裁程序相关的配套措施亟待进一步完善。

# 目 录

# 导 论

## 一、研究背景及意义

近些年，我国刑事案件的数量持续上涨，给司法机关造成了巨大的办案压力。2015 年和 2016 年，各级法院分别审结一审刑事案件 109.9 万件、111.6 万件，同比上年分别增加 7.5%、1.5%。尤其是随着《刑法修正案》（八）、《刑法修正案》（九）以及“两高”关于盗窃、敲诈勒索、环境污染等案件司法解释的出台，我国“犯罪圈”逐步扩大，“轻罪入刑”的发展也日趋明显。与此同时，劳动教养制度的废除意味着我国刑事案件会持续增加，司法员额制度改革使得司法资源不足与诉讼需求不断增加的现实矛盾更加突出，司法机关办案压力随之增大。按照司法人员员额制改革方案，法官和检察官约占中央政法专项编制人数的 39% 以下，司法辅助人员约占 46%，司法行政人员约占 15%。从目前的改革实施效果来看，多数省市已经达到这一比例要求，但是也存在部分地区受制于办案压力的原因，在推行员额制改革的过程中，只能相对提高入额比。在此背景下，如何解决司法资源供给侧结构矛盾是当前法学界关注的重要课题之一。

在 2018 年《刑事诉讼法》确立刑事速裁程序之前，实务界已经进行了大规模的立法试验。2014 年 6 月，全国人大常委会授权最高人民法院和最高人民检察院，首先在全国 18 个城市开展刑事速裁程序的试点工作，探寻解决这一矛盾的可行之法。“两高”在 2016 年公布的《刑事速裁试点中期报告》显示，我国的刑事速裁试点工作取得了显著的效果，据官方数据统计：检察机关审查起诉周期由 20 天缩短至 5.7 天；审判机关在十日内审结的速裁案件总数达 94.28%，当庭宣判率达 95.16%，分别比简易程序高 58.4%、19.97%。刑事速裁程序在提高诉讼效率的同时，对犯罪嫌疑人、被告人的权利保障也予以相当程度的关注。其中，适用非监禁刑的被告人数量占 36.88%，比简易程序高 6.9%；上诉率为 2.1%，比全部刑事案件的上诉率和抗诉率低 9.4%。[①] 可见，刑事速裁试点工作

① 《最高人民法院、最高人民检察院关于刑事案件速裁程序试点情况的中期报告》，简称《刑事速裁试点中期报告》。

成果证明该程序对于优化司法资源配置、提高诉讼效率、缓解案多人少的司法困境具有显著成效。刑事速裁程序反映了程序多元化是法治文明的发展趋势。

在全球化的今天，法治已成为国家文明和发展的重要标志，审判被认为是最具公平正义性的社会矛盾解决方式。与此同时，随着社会经济不断发展，新的利益冲突、新的纠纷类型不断涌现，社会矛盾需要多元化的方式和途径来解决，由此立法逐渐确定了和解、调解和提起诉讼等多种纠纷解决方式。而在刑事诉讼中，普通程序虽然因其程序设计的全面性成为各国刑事立法的典范，但不是所有案件的当事人都愿意忍受这种烦琐冗长的诉讼程序，大多数人都希望用更快的速度、更小的代价来得到一个相对满意的结果。对待疑难复杂的案件，不能简单处理，否则难以保证司法官作出客观公正的裁判，也违背了程序正义原则；而对于简单案件，在维系底线正义的前提下，没有必要也不应该消耗过多的司法资源，由此催生了协商程序、简易程序与速裁程序等，也衍生了当事人自身对程序的选择权。

刑事速裁程序的特殊价值还反映在该程序契合了我国的宽严相济刑事政策，有助于刑事诉讼法律体系的和谐发展。作为指导我国刑事司法实践的基本理念，宽严相济刑事政策在司法实践中主要基于对社会形势和犯罪态势的科学判断，针对具体犯罪、具体犯罪人的不同情况做到区别对待，最大限度实现法律效果和社会效果统一。“实施繁简分流措施，实现了司法公正和司法效率的平衡，让人民群众感受到公平正义。”① 轻微犯罪案件本身社会危害性并不大，如果被告人有悔罪心理，主观恶性小，人身危险性低，对这类案件被告人的惩处应当与不认罪认罚的案件有所区别，如此，不仅能够实现程序繁简分流，也利于彰显刑事追诉的人文关怀。

刑事速裁试点既为司法机关提供了一条提升诉讼效率的途径，也为认罪认罚从宽制度改革提供了一次实验机会。2014 年试点的速裁程序仅限于适用可能被判处一年有期徒刑以下刑罚的少数范围内的轻微犯罪案件，适用范围很窄，人权保障不足，在一定程度上限制了该程序的功能发挥。对此，全国人大常委会再次授权“两高”在相同的 18 个城市中开展认罪认罚从宽试点工作，以犯罪嫌疑人、被告人是否认罪认罚作为一种新的案件分类标准，如果犯罪嫌疑人、被告人认罪，原则上案件审理不再适用普通程序，并且明确了“应当”获得量刑减轻

① 姚莉：《公正司法让人民有更多地获得感》。

的机会。同时，速裁程序的适用范围扩大到被告人可能被判处三年有期徒刑以下刑罚的犯罪案件。从 2017 年发布的《认罪认罚试点工作中期报告》来看，认罪认罚试点工作取得较好的成果。据官方统计，在 281 个试点法院、检察院中，适用该制度审结刑事案件 91121 件，103496 人，占同期审结案件的 45%，其中在认罪认罚案件中，判处三年有期徒刑以下刑罚的案件占 96.2%，速裁案件的当庭宣判率高达 94%。北京市海淀区建立的“诉讼全流程简化”模式、天津和南京建立的“刑拘直诉”模式都是刑事速裁程序改革的突出表现形式，促进侦、诉、审环节的快速流转和无缝对接，提高了非羁押强制措施的适用率。此外，设置在看守所、法院的法律援助工作站的覆盖率分别达到 97% 和 82%。[①] 显然，以被告人认罪认罚为基础的新一轮刑事速裁程序改革，也取得了较为显著的效果。

党的十八届四中全会提出的“以审判为中心”的改革，不仅要求转变我国固有的流水型诉讼结构，更重要的是实现庭审实质化，对我国刑事诉讼体制、制度和诉讼关系等方面必将产生深远的影响。据此，对我国刑事速裁程序的研究，需要结合“以审判为中心”的改革要求及其对刑事速裁程序的影响之探讨。

一方面，“以审判为中心”改革的关键是实现庭审实质化，庭审实质化的全面推行要全面适用于普通程序审理，切实发挥庭审在认定事实、适用法律上的决定性作用。而这些要求与速裁程序的效率价值存在冲突。直接言辞原则、证据裁判原则和律师辩护原则都属于庭审实质化的基本内容，而这三项原则在速裁程序中被弱化，被告人的权利保护被弱化，导致程序正当原则在诉讼过程中被冲击。同时，过于效率化的刑事审判程序对案件的质量保障与错案的预防会造成不利影响。由于被告人的认罪认罚而省略法庭调查与辩论环节，会弱化法官通过庭审对抗来控制案件质量的保障机制。尤其在当前我国被追诉人认罪率高而权利保障不足的背景下，如果被追诉者错误认罪，那么在高度简化的速裁程序中，法官不易发现与纠正上述错误。所以，构建独立的庭前认罪程序、完善法律援助值班律师制度，对于完善我国的刑事速裁程序尤为重要。

另一方面，刑事速裁程序的形式化审理容易损害审判权威。根据各国的实践经验，检察官在速裁案件中的指控与量刑建议几乎都被法庭采纳，可以说检察官对定案结果具有确定性的意义，法官裁判异化成为一种形式性裁判，导致审判权威受到损害。由于刑事速裁程序简化了诉讼程序与被告人权利，诉讼监督

---

① 周强：《关于在部分地区开展刑事案件认罪认罚从宽制度试点工作情况的中期报告》，《人民法院报》2017 年 12 月 24 日。

与法律救济都受到影响，容易导致权力寻租现象的产生，这对强化法律监督、提高司法人员的职业素养提出了更高的要求。

《人民法院第四个五年改革纲要》中提出“构建被告人认罪和不认罪案件的分流机制”“改变对抗式司法理念”“非精细化、全程化的改革”“诉讼各方的利益具有同向性”，确定了第四个五年改革不限于程序精细化设计，也不是为了压缩诉讼时间而扩大简易程序的适用范围，而是建立在“认罪认罚”基础上，推进简易程序层次化改革，优化司法资源的配置方式；继续贯彻全流程贯通的政策，合理设计速裁程序的适用范围，推进案件的繁简分流，构建“控辩协商”的资源配置模式，充分体现了对嫌疑人、被告人的宽宥；从刑事程序的起点探索繁简分流，改变过去“两头小中间大”的诉讼流程，从而实现司法资源的科学合理配置。不过，2018 年《刑事诉讼法》规定的速裁程序与简易程序在适用范围上存在一定程度的竞合，也没有针对试点实践中存在的庭审走过场、证明标准不统一、值班律师辩护形式化等问题作出完善，这些问题都有待于进一步研究。

## 二、研究现状

自 2014 年《关于在部分地区开展刑事案件速裁程序试点工作的办法》（即《速裁试点办法》）出台以来，刑事速裁程序成为近些年理论界与实务界人士的研究重点。以“刑事速裁程序”六个字在 CNKI 收录的近四年公开发表的文献中进行检索，发现以此为题的文章多达 300 余篇，其中硕士论文 20 余篇，但目前为止本人尚未检索到博士论文。针对刑事速裁程序试点情况，有代表性的论文有：《我国刑事速裁程序研究——与美、德刑事案件快速审理之比较》（李本森：《环球法律评论》2015 年第 2 期）、《德意日刑事处罚令程序对我国刑事速裁程序的启示》（李永航：《江苏警官学院学报》2016 年第 4 期）、《刑事速裁试点实证研究》（赵恒：《中国刑事法杂志》2016 年第 2 期）、《我国刑事速裁程序试点的反思与重构》（刘广三、李艳霞：《法学》2016 年第 2 期）、《刑事速裁程序：从经验到理性的转型》（樊崇义：《法律适用》2016 年第 4 期）、《论刑事诉讼的全流程简化——从刑事诉讼纵向构造角度的分析》（陈瑞华：《华东政法大学学报》2017 年第 4 期）等。以上论文都是对早期速裁试点工作展开的研究，多专注于理论性研究，从比较法的视角将我国的刑事速裁程序与域外的速审程序、处罚令程序进行对比分析，为我国刑事速裁程序的科学立法提供了有益借鉴，但是这一时期的实证分析周期较短，而且一些问题已经在未来的认罪认罚从宽制度试点工作中得到解决，一些新的问题、新的情况需要从2016年底展开的新一轮试点工作中来分析。

2016年11月，认罪认罚从宽制度试点工作在同样的18个城市正式运行，将速裁程序纳入其试点范围，并产生了大量的学术成果，其中具有代表性的论文有《完善认罪认罚从宽制度：中国语境下的关键词展开》（魏晓娜：《法学研究》2016年第4期）、《认罪认罚改革的理论反思——基于刑事速裁程序运行经验的考察》（陈瑞华：《中国法学》2017年第1期）、《刑事速裁程序试点研究报告——基于18个试点城市的调查报告》（李本森：《法学家》2018年第1期）、《认罪认罚从宽制度的地方样本阐释——L、S、H三个区速裁试点规则的分析》（林喜芬：《东方法学》2017年第4期）、《认罪认罚从宽制度的理论反思与改革前瞻》（樊崇义、李思远：《华东政法法学学报》2017年第4期）、《认罪认罚过程中值班律师的角色与功能》（姚莉：《法商研究》2017年第6期）、《"书面审"抑或"开庭审"：我国刑事速裁程序审理方式探究》（贾志强：《华东政法大学学报》2018年第3期）等。以上论文是在认罪认罚改革过程中对速裁程序的研究，这一时期的研究不再局限于理论层面，而是扩大到实证研究层面，同时对认罪协商程序、值班律师制度、量刑优惠标准等新问题也进行了初步探讨，相比较早期速裁试点的研究更加广泛深入，只是实证研究多限于局部地区的样本分析。

但是，截至2018年《刑事诉讼法》颁布之前，与之相关的著作目前只有两部，一部是《轻微刑事案件快速办理机制研究》（潘金贵，中国检察出版社2015年版），另一部是《认罪认罚从宽制度研究》（陈严法，法律出版社2017年版）。在试点改革之前，我国法学界对刑事速裁程序（轻微犯罪快速处理程序）的研究非常少，一般只会在对刑事简易程序研究时稍作提及，例如《被告人认罪案件的处理程序研究》（郭明文，2007年西南政法大学博士学位论文）和《简易刑事程序研究》（左卫民，法律出版社2007年版）。到目前为止，尚未有专门的著作对我国的刑事速裁程序及相关的改革情况进行系统的研究。

刑事速裁程序从规范性文件到被正式纳入《刑事诉讼法》的这段时间，笔者发现，我国对刑事速裁程序的研究已经取得很大的进步，从程序价值到具体的方案设计、从理论审视到实践运行、从域外经验到我国现状均有广泛的研究。不过，这些研究或者只注重于理论研究，或者是局部的实证分析。一些立法建议尽管立意新颖，但是应用性并不强；也有一些建议与实践需求存在一定的脱节。可见，刑事速裁程序存在需进一步研究的问题。

第一，理论研究的系统性、类型化有待提升。在社会科学研究中，“理论必须能够从看似独立的现象中找到很强的关联性，并且了解某一因素的改变对其他变量的影响”。[①] 以往，法学界对刑事速裁程序的研究散见于对简易程序的研究中，很少对其作系统研究。而现有的研究侧重于从基本理念、域外借鉴的层面提出完善我国刑事速裁程序的建议，相对忽视了在现有司法改革大环境下对之作归类与系统性的研究。

第二，实证分析的范围需要进一步扩大。如果对当前我国司法改革环境缺乏足够的关注，改革建议可能如空中楼阁，缺乏可操作性。自试点开展以来，一些学者对轻罪案件快速处理程序、刑事速裁程序、认罪认罚从宽制度作了一定范围的实证研究，通过问卷调查、样本分析、数据统计等方法论证了刑事速裁程序的践行性与可推广性。但是，这些调研大多针对的是某一时期内的某一地区（或者某些地区）进行的数据统计，缺少整体性的研究分析。

第三，我国刑事速裁程序的立法与实证，是本书研究的核心部分。从既有的研究来看，尚未有专门针对刑事速裁程序进行系统、详尽的理论研究的专著。本书并不局限于对刑事速裁程序的内部挖掘，而是在新一轮司法改革的背景下对之进行理论探讨与实证分析，研究刑事速裁程序中的基本原则与功能定位，探讨认罪认罚从宽制度与刑事速裁程序之间的融合、简易程序与刑事速裁程序之间的衔接，以明确刑事速裁程序的基本原则和功能定位。

## 三、主要创新点

根据上述既有研究所存在的问题，本书主要有理论创新、研究方法创新和制度创新，其中制度创新有两处。

第一，理论创新。本书系统梳理出两大法系刑事速裁程序的立法脉络，采用比较的方法，考察域外刑事速裁程序的立法状况，分析其制度特征，总结各国刑事速裁程序的基本特征以及发展趋势，比较分析我国的速裁实践与域外刑事速

① ［美］理查德·谢弗著，刘鹤群、房智慧译：《社会学与生活》，世界图书出版公司 2006 年版，第 9 页。

裁程序，为我国刑事速裁程序的改革与完善提供经验与借鉴。

第二，方法创新。本书立足于我国的立法现状和本土的司法环境，通过数据统计、地方样本分析等研究方法进行系统、深入的研究，以此来挖掘我国刑事速裁程序在立法与司法上的突出问题。同时，本书对一些试点单位的创新做法进行介绍，分析这些创新做法在优化资源配置、促进案件分流、保障人权等方面的意义。

第三，制度创新。其一，对于改革与完善我国刑事速裁程序，本书通过解读“以审判为中心”诉讼制度改革和认罪认罚从宽制度改革的内容，指出两项改革对刑事案件繁简分流的要求。本书先在宏观层面提出明确刑事速裁程序的基本原则与功能定位，再从具体的适用条件、审理方式、证明标准、流程管理以及配套措施等方面对完善刑事速裁程序提出有益的建议。其二，提出增设刑事速裁程序书面审的方式。自2014年刑事速裁试点工作开展以来，理论界与实务界就是否采取书面审方式一直存有争议。本书基于法律实用主义立场、刑事速裁程序的实践情况与简易程序的层次化优化之考量，以域外刑事处罚令为借鉴，提出刑事速裁程序书面审的方式，将之限定于处理可能判处一年有期徒刑以下刑罚的特殊范围内的刑事速裁案件。

## 四、研究方法

本书研究刑事速裁程序，主要采用文献分析、比较研究、实证研究三种方法。研究任何一项法律制度都需要做到有理有据，需要根据规范的文献进行分析。本书考察了自清末以来我国的轻微犯罪案件简易审程序的历史脉络，在查阅相关立法规范、司法文献和学术成果的基础上，分析刑事速裁程序在我国的立法演进。在比较研究上，本书对大陆法系、英美法系主要国家的刑事速裁程序进行比较分析，对其适用条件、案件范围、程序运作等作出理论与经验层面的总结，从而提炼出我国立法可以借鉴的合理部分。对刑事速裁程序的实证研究可以解释该程序在实际运行中存在的问题及其产生的原因，探索诉讼内外因素对刑事速裁程序的影响，以期更为全面有效地完善我国的刑事速裁程序。

# 第一章
# 刑事速裁程序概论

从历史渊源来看，19 世纪末刑事速裁程序便出现在美国的刑事司法实践之中，它与辩诉交易制度、处罚令程序、简易程序等相伴而生。刑事速裁程序本质上是刑事诉讼程序的一种简化方式。刑事速裁程序的建立，一则可以缓解司法机关办案压力，推进刑事案件繁简分流；二则可以确保被告人获得迅速审判。在我国，经历了为期四年的试点实践后，刑事速裁程序作为一种新型的简易审判程序已被纳入 2018 年最新修改的《刑事诉讼法》之中，并在司法实践中与认罪认罚从宽理念相融合，发挥其独特的程序分流功能。在研究一项法律制度时，首先需要明晰其基本范畴，本章将对刑事速裁程序的概念、基本特征及其演进历程进行探讨。

## 第一节　刑事速裁程序的概念界定

“概念有助于我们分析现实制度并且使制度成为可以理解的对象。”[①] 从改革的态度对刑事速裁程序展开研究，首先要厘清作为改革对象的刑事速裁程序之范畴。这不仅需要从内部出发，明确刑事速裁程序之内涵，还需要与外部的相似因素进行对照，指明刑事速裁程序的独特优势，方可夯实刑事速裁程序改革之基础，明确刑事速裁程序调整的重心与方向。

### 一、刑事速裁程序的内涵

#### （一）刑事速裁程序概念的提起

刑事速裁程序作为一种快速处理轻微犯罪案件的简易审判程序，大多数国

① ［美］米尔伊安·R. 达玛什卡著，郑戈译：《司法和国家权力的多种面孔——比较视野中的法律程序》，中国政法大学出版社 2004 年版，第 9 页。

家并未将其与简易程序作严格区分。从世界各国的立法来看，刑事速裁程序有两种分类：一种是归属于多元化的刑事简易程序，另一种是专属于治安法院或轻罪法院处理轻微犯罪案件的程序。在理论上，刑事速裁程序有广义与狭义之分。广义层面的刑事速裁程序是指包括简易程序、处罚令程序等在内的所有轻罪快速审判程序；而狭义的刑事速裁程序仅指被判一年以下有期徒刑的轻罪，且量刑多为社区服务和罚金刑的快速审理程序。[①]例如，德国的处罚令程序、意大利的基于当事人请求适用刑罚的程序、日本的略式程序都属于狭义层面的刑事速裁程序。我国 2018 年《刑事诉讼法》对刑事速裁程序的规定属于狭义层面的概念。

在我国，刑事速裁程序概念的提出并非一蹴而就，也不是照搬域外的“简易程序”“处罚令程序”“辩诉交易”等程序，而是通过相关的刑事政策与试点改革逐步演变而来的。1979 年《刑事诉讼法》因立法技术不够成熟和刑事案件数量相对较少，并未规定刑事诉讼简易程序和快速审理机制。但是，十一届三中全会确定改革开放方针以后，对内改革、对外开放的政策使社会生活日趋复杂，加之“文化大革命”的负面影响尚未清除，犯罪率增长，社会治安状况愈加恶劣。对此，1983 年全国人大常委会通过《关于迅速审判严重危害社会治安的犯罪分子的程序的决定》，该决定规定的“速决程序”针对的是杀人、强奸、抢劫、爆炸和其他严重危害公共安全应当判处死刑的犯罪分子，若事实证据都清楚，可以不受送达期限的限制，并予以迅速审判。不过，“速决程序”只是为了配合“严打”，不能算真正意义上的速裁程序。面对日渐增长的刑事案件和严峻的司法成本压力，我国在 1996 年《刑事诉讼法》修改时增加了简易程序，适用于“可能被判处三年有期徒刑以下刑罚的犯罪案件”。但是，由于简易程序的适用范围较为狭窄，未能够达到案件分流的良好效果。对此，“两高一部”于 2003 年共同颁布了《关于适用普通程序审理“被告人认罪案件”的若干意见（试行）》，在普通程序审理的案件情形中增添了被告人认罪的情形。为了继续普通程序简化审的改革，2006 年“两高一部”出台了《关于依法快速办理轻微刑事案件的意见》（简称《轻刑快办意见》），《轻刑快办意见》的出台标志着我国初步建立了刑事速裁程序，只是尚未在法律概念上明确刑事速裁的概念。为了进一步扩大简易程序的实效性，2012 年修改的《刑事诉讼法》改变了过去的可能判处刑罚的简易程序适用标准，适用范围扩大到基层法院审理的被告人认罪的刑事案

---

① 李本森：《刑事速裁程序的司法再造》，《中国刑事法杂志》2016 年第 5 期。

件。但是实践中由于其审理模式过于单一，适用率也不高，所以并没有达到立法的预期目的。

2014 年 6 月 27 日，为了进一步缓解办案压力，推进案件繁简分流，十二届全国人大常委会通过了《关于授权最高人民法院、最高人民检察院在部分地区开展刑事案件速裁程序试点工作的决定》(即《速裁试点决定》)，为我国确立了一项新的制度，即刑事速裁程序。《速裁试点决定》明确了刑事速裁程序的案件范围、适用条件、简化流程等。为有序推进刑事速裁试点改革，同年 8 月 22 日，最高法、最高检、司法部、公安部联合发布了《关于在部分地区开展刑事案件速裁程序试点工作的办法》(即《速裁试点办法》)，标志着刑事速裁程序工作正式在全国展开。为期两年的试点工作中，各地亦制定了相关细则。随着刑事速裁程序两年试点期满，2016 年 11 月，两院三部印发了《关于在部分地区开展刑事案件认罪认罚从宽制度试点工作的办法》(即《认罪认罚试点办法》)，从案件类型、实体标准、否定性规定三个方面，对速裁程序的部分规定作了修正，将速裁程序的适用范围扩大至可能判处三年有期徒刑以下刑罚的案件。同时，在权利保障上，确立了法律援助值班律师制度，要求相关机构应在人民法院和看守所派驻值班律师进行法律援助。认罪认罚从宽试点工作为刑事速裁程序的进一步完善和正式纳入立法奠定了坚实基础。2018 年《刑事诉讼法》第三编第二章新增了第四节，将刑事速裁程序正式纳入《刑事诉讼法》，在总结试点经验的基础上，新法吸收了《速裁试点办法》与《认罪认罚试点办法》，规定“由基层人民法院管辖的可能判处三年有期徒刑以下刑罚的案件，案件事实清楚，证据确实、充分，被告人认罪认罚并同意适用速裁程序的，可以适用速裁程序，由审判员一人独任审判”。可见，刑事速裁程序有别于简易程序、普通程序简化审和普通程序，它是认罪认罚从宽制度的升级和重要补充，将被告人是否认罪视作启动条件，规范了相关刑事诉讼流程。

### （二）刑事速裁程序的内涵阐释

在我国，理论界对刑事速裁程序的定义也存在广义与狭义两种观点。广义上的刑事速裁程序是指所有的简易审理程序，在这个意义上，速裁程序与简易程序的内涵是大致相同的①；狭义上的刑事速裁程序是指在轻微犯罪案件中，因被

① 李本森：《刑事速裁程序的司法再造》，《中国刑事法杂志》2016 年第 5 期。

告人认罪且对适用法律无争议时，简化审判工作环节的特殊刑事诉讼程序。[①] 无论是广义上还是狭义上的定义均存在狭隘之处。广义上的定义过于宽泛，难以区分速裁程序与简易程序，易造成实践中的困难；而狭义上的刑事速裁程序被限定为一种特殊的审判程序，忽视了审前程序的特殊性，无法保证概念的完整性。对此，陈瑞华教授根据一些地方试点法院的经验做法，提出刑事速裁的全流程简化模式，不仅包括审判阶段的简化，还包括审前程序中的一系列办案简化措施以及内部审批事项流转的略化，例如刑拘直诉模式、全流程简化模式。

通过对刑事速裁程序与简易程序的辨析，我们发现，刑事速裁程序与简易程序有一些共同之处，从某种程度上说，二者同宗同源，它们和认罪认罚从宽制度一起共同构成了我国的认罪案件诉讼体系。综合来看，根据 2018 年修改的《刑事诉讼法》第二百二十二条、二百二十三条以及《认罪认罚试点办法》，我国的刑事速裁程序可以定义为：基层人民法院在审理案件事实清楚、证据确实充分，可能判处三年有期徒刑以下刑罚，并且被告人认罪认罚的犯罪案件时所采取的，由审判员独任审理适用的相对简化的诉讼程序。

## 二、刑事速裁程序与相关概念之辨析

通过对刑事速裁程序概念的剖析，可以发现刑事速裁程序与简易程序、辩诉交易制度、认罪认罚从宽制度之间既有联系又有区别，梳理它们之间的关系有利于大家更好地理解与把握刑事诉讼速裁程序的内涵。

### （一）刑事速裁程序与简易程序

如前所述，刑事速裁程序与简易程序一脉相承，有学者提出简易程序“层次性”之概念，其中所探讨的刑事程序的相对性问题，可以帮助我们在理论中区分简易程序和速裁程序。[②] 简易程序的两个层次，是指与完整形态的普通程序相较而言的简易程序，以及与一般形态的普通程序相较而言的简易程序。第一层面是指没有陪审团参与的审判程序，这一层面的简易程序的功能在于合理配置陪审团资源，只有疑难、重大、复杂的案件才适用陪审团制度。例如在美国，陪审

① 刘广三、李艳霞：《我国刑事速裁程序试点的反思与重构》，《法学》2016 年第 2 期。
② 马贵翔：《刑事简易程序概念的展开》，中国检察出版社 2006 年版，第 21~22 页。

团制度在死刑案件审理中处于关键地位，但是其在其他案件审理中并不具有强制性，控辩双方可以自主选择。第二层面是将普通程序的审理环节予以简化。最典型的是独任制审理（审判组织简化），也包括缺席审判（辩护主体简化），自诉（控方主体简化），以及辩护交易、处罚令程序（审判方式简化）等。显然，第二层面的简易程序正是我们通常理解的简易程序。根据 2018 年《刑事诉讼法》第二百一十四条到第二百二十条以及相关的司法解释等规定，我们将简易程序定义为：由基层法院审理的案件事实清楚、证据充分，被告人认罪且对适用简易程序无异议的案件，依法所适用的较普通程序相对简化的诉讼程序。这种简化程序以可能判处三年以上有期徒刑的刑罚为标准，划分为合议制与独任制两种审判方式。在此意义上，简易程序实际上将速裁程序囊括于自身程序当中，两者是包含与被包含的关系。

简易程序与刑事速裁程序的根本目标均是提升审判程序的效率，优化资源配置，当然在制度设计时也充分考虑了被追诉人的合法权益不受侵犯，比如被追诉人有知悉其被指控事实和证据的权利；有选择审理程序的权利，即若被追诉人不愿意适用简易程序或刑事速裁程序，则应转为普通程序；有寻求律师帮助的权力，即聘请律师辩护或申请法律援助；有权作最后陈述权的权利等。① 两者的区别主要在于三点：第一，类别的差异。刑事速裁程序适用范围与简易程序有差异，前者适用于基层法院管辖的可能判处三年有期徒刑以下的刑事案件；后者适用范围更广，涵盖基层法院的全部案件。第二，禁止性条件的差异。相比简易程序，刑事速裁程序具有更加详细的规定：刑事速裁程序排除了未成年人作为适用主体；刑事速裁程序非常重视检察院的量刑建议，不仅被追诉人同意量刑建议是适用前提，而且法庭经审查发现量刑建议不当可以进行排除，立即恢复简易程序或普通程序；刑事速裁程序以当事人达成调解或和解协议为适用前提。此外，刑事速裁程序对被追诉人违反监视居住、取保候审规定并严重影响到刑事诉讼活动正常进行的情形进行排除适用；刑事速裁程序对累犯、教唆未成年人犯罪等法定从重情节进行排除适用。第三，适用阶段的不同。刑事速裁程序贯穿整个刑事诉讼始终，除了由法院依职权和检察院建议启动外，还增加了公安机关和辩护人在侦查阶段即可向检察院建议启动的程序，即在侦查阶段就可以适用，更加注重侦查、审查起诉与审判程序的相互配合，从刑事诉讼开始阶

① 苏喜民、李玉川：《刑事案件速裁程序与刑事简易程序之比较》，《中国检察官》2014 年第 17 期。

段便加快速度。而简易程序只能由法院依职权和检察院建议启动，有一定的局限性。第四，适用期限不同。速裁程序要求人民法院审判的期限为十日，对可能判处有期徒刑超过一年的，可以延长至十五日。同种情形下，简易程序的审判期限为二十日，对可能判处有期徒刑超过三年的，可延迟至一个半月。第五，适用程序不同。刑事速裁程序对庭前送达时间不限制，适用更为灵活，而简易程序一般是开庭三天前进行送达和通知；刑事速裁程序一律由审判员独任审判，且当庭宣判。简易程序可以合议审理，也可以独任审理，形式较为灵活，除此之外，简易程序与刑事速裁程序在法庭调查、法庭辩论环节的规定也不同，前者只能简化两种程序，而后者可以完全省略；关于不公开审理和法律援助制度，二者也不尽相同，这方面刑事速裁程序无疑更为完善，与现代人权保障理念更加契合。

### （二）刑事速裁程序与辩诉交易制度

根据《布莱克法律词典》（第九版）的定义，辩诉交易是指“检察官和刑事被告人之间协商达成的协议，协议中被告人对较轻的指控或多项指控中的一项做有罪答辩，换取检察官的一定让步，这些让步通常包括更宽大的量刑或者对部分指控的撤销”。[①] 辩诉交易的本质是被告人以放弃一些诉讼权利为代价，与控方就指控和量刑等事项达成协议，经法官审查和认可后，在不经历完整庭审的情况下结案的一种刑事诉讼程序。目前，大多数的法治国家都建立了多种样态的辩诉交易制度，并得以有效运行。例如，《美国检察官手册》中设置了三种辩诉交易形式：指控交易，即检察官同意放弃部分指控或降格指控；量刑协议，即检察官同意一定的量刑建议；混合协议，即检察官同意指控和量刑两种交易。从广义上讲，辩诉交易属于简易程序的一种类型，这是由其制度属性决定的，辩诉交易要求法官在法庭上审查控辩双方就案件事实、定罪、量刑达成的协议，之后的法庭调查和法庭辩护环节几乎被省略，因此法学界一般将辩诉交易视为简易程序的一种类型。

辩诉交易制度与刑事速裁程序虽然都包含了被告人认罪答辩的因素在内，但是辩诉交易中的认罪答辩是通过控辩双方的“讨价还价”、利益衡量获得的，而刑事速裁程序中的认罪答辩主要源于被告人自愿认罪认罚，也不存在正式的认罪协议，只是法官审查被告人认罪认罚自愿性的基本程序是否存在。辩诉交

① Black's Law Dictionary，9th ed. West Group，2009.

易制度与刑事速裁程序之间的区别主要表现在程序运作机制上：第一，程序的启动。绝大多数情况下辩诉交易是检察官提出的，这表明在交易提出之前被告人并未认罪，否则不必进行辩诉交易。检察官在与辩方进行协商之前，一般需要考虑以下情形：被告人之前有无犯罪经历；被告人主观上有无悔罪意愿；案件的紧迫性；案件的社会影响；通过审判并判有罪的可能性等。[①] 第二，获得被告人认罪答辩的途径。检察官在决定采取辩诉交易后，将与被告人进行沟通、谈判，如果被告人不同意，检察官可能会继续劝解。实质上是检察官用指控的量刑的建议来换取被告人的有罪答辩。其中，由于各国宪法普遍赋予被告人获得律师帮助权，因此，大多情况下辩诉交易发生在检察官和辩护律师之间。而在刑事速裁程序中，被告人认罪认罚是启动该程序的前提条件，值班律师可为犯罪嫌疑人、被告人做法律咨询，提供法律建议，在选择何种法律程序、是否申请变更强制措施方面提供帮助，同时也可以对检察机关的量刑建议提出意见。但值班律师不具有辩护人的地位。第三，案件范围不同。刑事速裁程序主要适用于侵犯公民人身自由和财产安全的轻微犯罪，可判处的刑罚在一年（或者三年）有期徒刑的刑罚以下。在英美国家，辩诉交易程序不仅适用于轻罪案件，也广泛适用于重罪案件。比如《美国联邦刑事诉讼规则》就没有对辩诉交易作出任何限制，所以在美国的法院系统中可以适用任何类型的刑事案件。

### （三）刑事速裁程序与处罚令程序

处罚令程序属于简易程序中最简单、迅速的一类特别程序，其省略了的法庭公开审理程序，法官可以根据案件卷宗和被告人的认罪供述径行裁判。处罚令程序源于 20 世纪 60 年代的大陆法系国家。当时英美国家的正当程序革命波及大陆法系国家，这些国家开始将英美对抗式审判的制度因素引入国内，同时进行了大规模的司法改革。但结果表明，虽然被告人权利保障的程度得以提高，但诉讼程序也愈加烦琐，诉讼拖延与案件积压的现象日渐严重，不仅浪费了有限的司法资源，更影响了人们对司法的信任。面对严峻的现实，各国开始重新审视本国的诉讼程序，并设计推行了包括刑事处罚令在内的一系列简易程序。

在适用处罚令程序时，法官可以根据检察官的申请直接签发处罚令，被告人有权在法定时间内对处罚令命令提出异议，一旦处罚令生效，将作为刑罚执行

① 马贵翔：《刑事简易程序概念的展开》，中国检察出版社 2006 年版，第 22 页。

的依据。由于处罚令程序只需书面审理，比其他简易程序更加简单、迅速，能够有效处理大量的轻罪案件，因此这种程序在德国、意大利、日本等国得到广泛适用。尽管各国对处罚令程序的规定不同，但有着共同的特点：第一，属于书面审理。处罚令程序省略了法庭审理阶段，由独任法官审查和裁判，不受直接言辞原则、公开审理原则等庭审规则的限制。第二，适用于轻微犯罪案件。各国几乎都将处罚令的适用范围限制在轻罪或者轻微罪中，甚至仅仅是可能被单处财产刑或者缓刑的案件。第三，实行一审终审制。被告人不服处罚令的，不允许上诉，但是可以在法定期限内提出异议，转为普通程序审理。如果被告人同意适用处罚令且没有提出异议的，发布处罚令的法官即可裁定执行处罚令。第四，适用全案移送主义。检察官提出请求前，应当将被告人同意使用该程序的笔录连同本案的证据材料一并提交法院。由此帮助法官对案件全面了解，确保裁判的准确性。

处罚令程序与刑事速裁程序最为相似，两者都属于简易程序中较为简单、迅速的特别程序，都只适用于轻微的刑事案件，都采取独任制审判。但相似并不代表没有差异。首先，在对犯罪的定义上，德国、意大利、日本等设置处罚令程序的国家采取的是单一向度的“定性”模式，定性是将具有较高伦理可责性的行为纳入犯罪圈。而我国采取的是“定性+定量”模式，区分了同类具有伦理可责性的行为，如“数额巨大”“情节严重”等刑法条文的表述，使得我国的入罪门槛要高于上述国家，甚至我国刑法上的某些轻罪在这些国家属于重罪。所以，处罚令程序与速裁程序在刑法结构上的不同，意味着他们所依赖的实体标准也是不同的。其次，在适用范围上，处罚令程序与速裁程序对待案件的轻微性不同。一些国家处罚令的适用范围与我国的《治安管理处罚法》相对应，与我国《刑法》对应的罪名较少。例如在法国，处罚令程序只适用于违反道路交通规章这类轻罪以及《消费法典》《保险法典》中的违警罪等，有别于我国的刑事速裁适用条件。最后，审理方式不同。处罚令程序采取书面审理的方式，法官只需审查检察机关移送的卷宗材料以及相关证据，即可作出刑事处罚命令。而在速裁程序中，虽然也是由法官独任审判，但是控辩双方依然需要到庭，由法庭公开审理。

### （四）刑事速裁程序与认罪认罚从宽制度

刑事速裁程序和认罪认罚从宽制度都蕴含着宽严相济的精神，体现了刑事司法合作精神。认罪认罚从宽制度是“犯罪嫌疑人、被告人对被指控的基本犯罪事实无异议，并自愿接受所认之罪在实体法上带来的刑罚后果，进而获得适用简化程序和相对较轻惩罚的一系列规范组成的制度体系”。[①] 同时，二者从某种意义上说，有相互重合的关系，前者的改革成果被后者吸收并得以继续发展。“两高”向全国人大常委会提交的速裁试点中期报告表明，认罪认罚从宽改革精神已经得以有效贯彻。尤其是部分地区在试点时期还作了一些创新举措，同时，一系列新的轻罪快速处理方式相继推出，并在实践检验中获得认可。这些改革创新都表明了刑事速裁程序已经积极贯彻了认罪认罚从宽的改革思路，两者一脉相承。在后续的改革过程中，司法机关将这部分的改革思路推行到全部刑事案件中，并对之前的实施情况径行总结与反思。可以说，认罪认罚从宽精神贯穿于整个刑事诉讼程序中，并指导司法机关开展具体的刑事司法实践活动。

刑事速裁程序与认罪认罚从宽制度之间的区别主要有以下几点。第一，在立法设计上，刑事速裁程序被单独设置在第三编审判中的第一审程序中，从适用范围、审判组织、庭审程序到程序回转都作了详细设计，但认罪认罚从宽制度并非作为一个独立的制度存在于某一条文或者某一特别程序当中，而是体现在侦查、公诉、审判程序中。第二，认罪认罚从宽制度具有实体和程序双重属性。在实体上，如果犯罪嫌疑人和被告人认罪认罚、真诚悔过，可以依法从宽处理。在程序上，由于犯罪嫌疑人、被告人认可指控的犯罪事实，办案机关可以简化工作流程，法庭也不必全部查证。在我国立法中，刑事速裁程序被定位为一种特殊的简易审判程序，被告人认罪认罚是适用该程序的前提条件。“速裁程序的设立不是与简易程序重合，而是解决多年以来对案件平等对待的问题，将情节简单、事实清楚，证据充分且被告人认罪认罚的案件从简易程序中再次分流出来，构建立体化的多元程序体系。”[②] 第三，在案件范围上，刑事速裁程序仅适用于可能判处三年有期徒刑以下刑罚的案件，而认罪认罚案件既包括轻罪案件，也包括如抢劫、杀人、恐怖犯罪、黑社会性质犯罪等重罪案件，犯罪嫌疑人、被告人都有权利认罪认罚，所以认罪认罚从宽制度不仅适用于速裁程序，还包括简易程序、普通程序。第四，除了提高诉讼效率以外，认罪认罚从宽制度的意义还体现在对犯罪嫌疑人、被告人认罪悔罪的教育方面。以审查起诉阶段为例，检察官在讯问犯罪嫌疑人时向其详细解释认罪认罚将带来从轻处罚的法律后果，一些在侦查阶段不认罪的犯罪嫌疑人在此时会如实供述自己的犯罪事实，这也是对其

---

① 陈严法主编：《认罪认罚从宽制度研究》，法律出版社 2017 年版，第 3 页。

② 陈卫东、胡晴晴：《刑事速裁程序改革中的三重关系》，《法律适用》2016 年第 10 期。

认罪服法的法制教育。

## 第二节　刑事速裁程序的历史沿革

### 一、刑事速裁程序的思想缘起

刑事速裁程序实质上是对刑事诉讼程序的一种简化方式，其产生与发展依赖于刑事诉讼程序的演进，是刑事诉讼程序在朝着科学化、精细化发展过程中出现的一种新的简易程序类型。19 世纪末，随着欧美国家城市化工业化的快速发展，犯罪率不断攀升，给司法机关带来了沉重的办案压力。为此，各国纷纷通过改革本国的刑事诉讼程序，例如构建多种类型的简易程序等来提高办案效率、推进案件繁简分流。与此同时，诉讼价值观、刑罚目的观、法律实用主义、权利本位主义等观念的转变，也为刑事速裁程序的产生与发展提供了理论支撑。

#### （一）诉讼价值观的发展

法学理论上一般将刑事诉讼价值分为外在价值与内在价值两类。前者是指刑事诉讼法保证刑法实施，实现公正、自由、秩序、效率等价值，也被称为“工具价值”或“外在价值”；后者是指刑事诉讼法自身及其在实施过程中的公正、自由、秩序、效率等价值，也被称为“独立价值”或“内在价值”。我国学者陈瑞华认为，程序的内在价值与外在价值之间具有一致性、冲突性与协调性：公正的程序可以促进公正结果的产生，这是外在价值与内在价值的一致性；公正的程序与公正的结果各有一套价值标准，符合公正性的程序并不一定具有获得公正结果的能力，也可能会导致程序的外在价值与内在价值之间的冲突；正是因为两种价值之间的一致性，当二者之间产生冲突时，就应当以最大限度地达成一致为宗旨对它们进行调整。[①] 因此，诉讼价值之间的调整与平衡始终是诉讼价

① 陈瑞华：《刑事审判原理论》，北京大学出版社 1997 年版，第 90~93 页。

值观发展的目标。

刑事速裁程序的价值可以理解为：该程序的存在及其运行对主体需要的满足以及其所具有的某种功效和产生的积极作用。公正价值与效率价值是诉讼程序的两项基本价值。正义是法律最原初的使命，立法、执法和司法领域都必须最大限度地追求公平和正义。在法的价值体系中，公正的内涵十分丰富。法理通说认为，正义是公正的主要内涵。庞德认为："在伦理上，我们可以把它看作是一种个人美德或者对人类的需要——或者要求的一种合理、公平的满足……在法学上，我们所讲的执行正义是指在政治上有组织的社会中，通过这一社会的法律来调整人与人关系及安排人们的行为。"博登海默认为："正义所关注的是如何使一个群体的秩序或者社会的制度适合于实现其基本目的和任务，满足个人的合理需求，促进生产进步和社会内聚性的程度。"综合过去学者们对公正的理解，可以归纳为：公正是人与人之间权益分配关系，如果权益分配的方式、过程和结果是合理，则可以成为公正。随着诉讼价值理论研究的深入，人们开始重新看待公正与效率之间的关系。"公正的第二含义是效率""迟来的正义非正义"的价值观包含了对公正与效率耦合状态的一种认知。失去了公正，效率便没有了意义，而低效率的公正，也并非高价值的公正。

诉讼价值观的发展是辩诉交易、处罚令等简易程序发展的动力所在。"二战"之后，随着战后各方各面的重建与恢复，社会不断发展，各种纠纷增多，使得犯罪率不断提高，而各国司法资源有限，如何解决司法资源匮乏与案件积压的矛盾，不仅是美国司法机构，也是各国司法结构面对的共同难题。在此，公平与效率的关系再次被提及。在传统的司法观念中，公平更多的是程序上的公平，而程序公平优先于司法效率。随着20世纪60年代"程序正当革命"的开启，效率与公平之间的价值冲突更为明显，诉讼经济理念应运而生。该理念要求在保证底线正义的前提下实现迅速裁判，讲究程序简化，进而在整体上节约司法资源，保证司法资源的合理分配。[①]为此，欧陆各国推行了简易程序的改革，美国建立了辩诉交易制度，以追求司法的更高效益。正如美国联邦法院在Santobell V. New York案时所言："如果每一项刑事指控均要经受完整的司法审判，那么州政府和联邦政府需要将其法官的数量和法院的设施增加不知多少倍。"[②]

---

① 林益俊：《程序正义与诉讼经济——刑事诉讼法专题研究》，元照出版公司1997年版，第92页。

② Santobell V. New York. 404，U. S . 1971，p. 251-260.

## （二）刑罚目的观的转变

刑罚目的观不单单是整个刑罚体系构建的正当性依据，也是刑事立法、司法和执法的指导思想。同时，刑罚目的观也影响着社会对刑事法律的评价。刑罚目的观的转变在相当程度上激发了刑事速裁程序的产生。报应刑曾经一直占据西方刑法史的统治地位。报应刑被广泛认为是私力报复的本能的产物，在历史上经历了神意报应、道德报应和法律报应三个阶段。神意报应论认为刑罚是人们违反宗教法规的惩罚和报应。道德报应论由神意报应论演变而来，强调刑罚的目的是在道义上对犯罪的谴责。近代，伴随着法律与道德的分离，法律成为社会控制的主要手段时，法律报应论应运而生——“报应预先由法律规定并与犯罪之重要程序相对应，而不是为了报偿或者满足被犯罪伤害的被害人施加的，而是为了执行法律和恢复法律秩序”。① 也有一些报应主义者认为道德报应与法律报应是一体的，这种观点被称为“总和报应论”，他们认为规则的存在没有在道德之外独立证成的必要。

在报应刑理念的指导下，自由刑被各国广泛适用。自由刑在特殊时期的确起到了稳定统治秩序的功能，但是它的缺陷也非常明显。由此，目的刑理念被提出。李斯特的刑罚目的论是一种特殊预防理论，该理论提出：“德国的刑事制裁体系的变革，是李斯特重新将刑法与以自由观为基础建立的法政策联系在一起，在这种法政策的影响下，目的思想应当成为法进步的支柱。”② 特殊预防理论是与一般预防理论相对应的。一般预防注重的是惩罚犯罪，特殊预防则是致力于对犯罪者的思想改造。一般预防和特殊预防的区别在于，前者通过区分犯罪构成的要件来构建规则，后者则以区分犯罪者的人身危险性来构建规则。但是，一般不将二者割裂开来区别对待，否则会有罪行偏离和滥用刑罚之虞。此后，刑罚目的一体理论应运而生，将“报”与“预”相结合，认为报应是刑罚正当化的根据，也是刑罚的内在属性，而预防是为预防犯罪的发生，是刑罚外部正当化理由，只有在罪刑报应的基础上参酌预防因素，才能实现刑罚的真正目的。③ 在目的刑理念的指导下，司法官在作出司法决策时往往会考虑案件情况以及犯罪人认罪的态度。与之相呼应，刑事诉讼程序的个别化、宽缓化和简易化的

---

① 李川：《西方刑罚目的观简论》，《求索》2006 年第 10 期。

② ［德］汉斯·海因里希·耶赛克、［德］托马斯·魏根特著，徐久生译：《德国刑法教科书（总论）》，中国法制出版社 2001 年版，第 92 页。

③ 李川：《西方刑罚目的观简论》，《求索》2006 年第 10 期。

发展趋势，起诉便宜主义、辩诉交易、简易程序等特殊的诉讼理念与诉讼制度获得了新的发展。

## （三）法律实用主义的盛行

实用主义哲学从方法和认知上赋予辩诉交易、简易程序以观念的合法性。实用主义哲学产生于美国，是美国人创新务实精神的哲学体现。从 1881 年美国法学家霍姆斯的经典著作《普通法》面世到 19 世纪 30 年代，美国法学界发生了一次显著革新——实用主义哲学、法社会学和现实主义法学的某些理念汇聚，成为美国本土唯一的关于法律应用的一般理论。[①] 实用主义是一种根植于事实与经验之上的研究方法。美国学者詹姆士认为，实用主义代表着一种经验主义态度，避开了字面上的解决方式、固定的原则和封闭的系统。虽然实用主义不是一种新理论，但它能够与许多古老的哲学理念协调一致。[②] 杜威认为："思想、概念和理论只不过是人为了达到目的的工具，只要它们对机体适应环境有用，它们就是真理。"[③] 这深刻体现了美国的实用主义精神。一方面，从实用主义哲学观提供的方法论层面出发，对于美国人来说，判断一个事物正确与否，在于它是否有实用价值。如果它是有价值的，那么就是正确的，而与陈规教条无关。这使得美国司法文化不会墨守成规，而是敢于创新，敢于作为。例如，辩诉交易制度作为有严格程序要求的对抗式诉讼模式的变通结果，能被广泛接受的原因在于它既照顾到了控辩审等各方的利益，又有效提高了司法效率，对于司法实践有利，故此制度虽饱受争议，却依旧蓬勃发展。另一方面，实用主义哲学观认为"认识来源于经验，人们所能认识的也唯有并且只需要是经验。对于经验背后的东西，是没有必要讨论的"。[④] 这种思想体现在刑事司法领域，又体现为证据法规则的发展与变革。美国建国之后沿袭英国的各项制度，"秉持传统的司法事实认定理论，其受认识是客观存在在主观意识中的反映，是具体客观实在的客观对象的影响"。[⑤] 在这一基本理论的影响下，证据被认为是获取真理的工具，辩诉双方通过交叉询问等方式进行逻辑证明，以获取案件真相。据此，美国建立了一系列严格的证据的合法性使用规定。但是，随着实用主义哲学观在美国的不断深入，这

---

① ［美］萨默斯：《美国实用工具主义法学》，中国法制出版社 2010 年版，第 1 页。
② ［美］詹姆斯著，李步楼译：《实用主义》，商务印书馆 2014 年版，第 30~33 页。
③ 邱仁宗：《20 世纪西方哲学名著导读》，湖南出版社 1991 年版，第 667 页。
④ 冯友兰：《三松堂自序》，人民出版社 2008 年版，第 48 页。
⑤ 胡军：《知识论》，北京大学出版社 2006 年版，第 308 页。

一情况又发生转变，实用主义哲学观认为事实与真相并不存在，真理只是一种约定俗成的思维定式。因此在真理不是由逻辑得来的观念之下，运用逻辑对案件事实进行证明的合理性受到怀疑。比如，美国实用主义法学创始人霍姆斯大法官认为，逻辑并不是法律发展中起作用的唯一力量，经验事实也是重要组成部分。这种观念体现在证据规则上，表现为合法证据的范围适当扩大，传闻证据规则被逐渐放宽，案件真相也可以通过控辩协商获得法庭的承认。由此，辩诉交易程序、刑事处罚令等多样化的简易程序被广泛适用。

### （四）权利本位主义的觉醒

刑事司法中权利本位主义树立的控辩平等观念，是推动刑事速裁程序发展的理论基石之一。在传统的义务本位主义中，盛行“家国一体”“权力本位”的思想观念。中世纪的英国，有“破坏我们的君主的和平”的说法，认为“犯罪不仅和个人有关，还有关乎国家”。[①] 同一时期，刑事诉讼与公民的根本权益结合起来，被认为是公民赋予国家刑罚权的实现过程，体现了执法的追诉利益。于是国家以刑事犯罪中的受害者形象出现了，在刑事诉讼中国家权力与个人权利形成直接对抗，公权力压倒个人的自由权利，控方居于有利地位。但是，随着人文主义思潮的盛行，权利本位主义逐渐确立，认为公民的个人权利大于国家权力的观念盛行。在第二次世界大战之后，人权保障成为世界性课题，各国对于人权问题越发重视。在这种思想的激发下，20 世纪 60 年代美国发生了“正当程序革命”，改革的目标便是实现刑事诉讼程序的规范化和正当化。一方面，刑事诉讼中被告人的地位不断提升，各项权利得到有效保障；另一方面国家权力受到制衡，审判权的独立性越来越突出，法官越来越居于中立地位，辩诉双方的地位也趋于平等。现代诉权理论进一步强调：“在诉讼程序上，必须保障两造享有地位平等、机会平等以及风险平等。”[②] 于是，随着权利本位主义的深入发展，在刑事诉讼中，被告人不再是局限于听命的角色，而是参与到诉讼程序的实际运行中来。这样不仅确认了控辩双方的平等地位，也为被告人享有程序选择权创造了条件。

---

① ［美］阿尔伯特·W.阿尔斯楚勒、张建伟：《辩诉交易及其历史》，《诉讼法论丛》2004 年第 9 卷，第 252~282 页。

② 沈冠伶：《武器平等原则于医疗诉讼之适用》，《月旦法学杂志》2005 年第 12 期。

## 二、刑事速裁程序在英美法系的历史发展

归于司法制度的内在影响，英美法系的刑事速裁程序源于轻罪案件的认罪处刑程序。由于存在政治、经济、法律文化的差异，各国在对轻罪案件认罪处刑程序的设计上表现出不同的特征。但随着以利益换取自我认罪行为的协商性活动的出现，探究刑事速裁程序的产生与发展，辩诉交易制度最具代表性。辩诉交易制度于 19 世纪初期在美国产生，最早适用于触犯禁酒令、数额较小的财产类犯罪等轻微犯罪案件。到 20 世纪初，辩诉交易制度在美国日趋成熟，并被司法实践广泛应用，因为美国文化的强势地位以及 20 世纪末以来刑事案件压力的不断攀升，辩诉交易制度在各英美法系国家广泛传播。从辩诉交易制度的发展历程可以窥见刑事速裁程序的产生与发展。

对抗式诉讼模式又称“当事人主义诉讼模式”，是英美法系特有的司法诉讼模式，是辩诉交易产生的制度基础。在奉行当事人主义的国家中，立法通过给予被告人一系列权利保障，如配备辩护律师、不被强迫自证其罪、证据开示等，赋予了被告人与控方平等的地位，辩诉双方在平等的基础上，根据各自掌握的证据，在法庭进行证据罗列，证明案件的事实真相。这种模式具有高度的风险性，在开始庭审之前，被告人有被处刑的风险，控方有败诉的风险，谁也不能对庭审结果产生清晰预料。特别是控辩双方的庭上争论容易形成长期的拉锯战，使审判陷入僵局，加大各方的讼累。考虑到这些情况，对抗式诉讼模式急需一种特殊程序对其进行补充，以保证审判的顺利完成。与此同时，对抗式诉讼模式赋予了当事人充分的自由处分的权利，检察官具有对罪名和量刑的广泛的自由裁量权，被告人享有在被传讯时作出有罪答辩的权利。辩诉交易的基本要义正是检察官以指控或量刑上的优惠来换取有罪答辩。综合这些因素，辩诉交易作为对抗式诉讼模式的制度要求得以迅速发展。

另一方面，英美国家奉行将程序规范视为对抗公权力滥用的法律思想，助推了辩诉交易等认罪快速审理程序的产生与发展。20 世纪 60 年代，美国沃伦法院主导的正当法律程序革命导致被告人的权利得以扩大，辩方取得了与控方协商的重要资本。当然，他们也可以自由行使这些权利，包括通过认罪答辩放弃这些权利，从而赋予他们对程序的选择权以及获得及时审判的权利。陪审团审判的

不可预测性也平添了认罪答辩程序的诱惑力。对于检察官而言，给被告人提供认罪答辩的机会以及降低指控的承诺，即使在有罪证据相当充分的案件中也具有极大的吸引力。另一个导致认罪答辩受欢迎的理由是审判程序的简易化一定程度地表现在定罪上，毕竟一旦罪与非罪的问题无争议，则无需再进行陪审团审判。在这种情况下，以辩诉交易为代表的认罪快速审理程序备受欢迎。

解释一项诉讼制度的产生与发展，无疑需要与其相关的实体法进行对话与沟通。“程序法虽然在程序自治上具有独立性，但在没有实体法的前提下就没有程序法的依附，所以程序法必须服从于实体法之根本目的。”① 刑事速裁程序同样如此。案件本身的类型化、差异性是多元化程序建立的前提。现实中，案件之间的繁简、轻重都存在差异，因此对不同的案件理应设置与其轻重程度、复杂程度相对应的多元化的程序。根据案件的不同种类，其程序也相应变化。美国《模范刑法典》根据处刑的轻重程度，将犯罪划分为六种类型：一极重罪、二级重罪、三级重罪、轻罪、微罪、违警罪。以实体法为基准，司法机关对轻重不同的犯罪在制裁手段和程序适用上予以区别对待，刑事诉讼程序应当具有“微罪—轻罪—重罪”变化的层次性，据此，在美国辩诉交易制度体系内又发展出专门针对轻微犯罪的简便程序，即司法官审理轻微犯罪程序。该程序适用于《美国法典》第 18 编第 3401 条规定的轻微犯罪案件，经被告人的书面同意，由治安法官或者地区法院法官简单审理并立即裁判。在英国，犯罪被划分为三种类型：简易罪、两可方式审判罪和公诉罪。其中，简易罪是指只能用简易程序审判的微罪案件，包括道路交通犯罪、扰乱社会治安的行为、轻微的刑事损害。两可方式审判罪、公诉罪分别指中等程度的犯罪行为和罪行严重的犯罪，并设计了对应的诉讼程序。由此可知，随着社会的发展，各种新型犯罪的不断出现，各国纷纷对犯罪行为予以分层，刑事审判程序在此基础上有了更为多元的发展。

## 三、刑事速裁程序在大陆法系的历史发展

20 世纪末，刑事速裁程序在大陆法系国家悄然兴起。最主要的原因在于该时期世界各国都面对着刑事案件不断积压的困境。为了提高司法效率，缓解案件压力，各国纷纷进行刑事诉讼程序的快速化改革。在改革进程中，一方面因为

① 李本森：《我国刑事案件速裁程序研究——与美、德刑事案件快速审理程序之比较》，《环球法律评论》2015 年第 2 期。

"二战"之后对于人权保障的重视，各国不同程度地引入对抗式诉讼模式；另一方面因为"美国化"的影响，大陆法系各国对美国辩诉交易制度进行了关注。大陆法系各国在自身的司法制度背景下，发展出各种各样的简易审理模式。与辩诉交易相比，德、意、日的刑事处罚令制度更能代表大陆法系国家的刑事速裁程序。

处罚令程序诞生于大陆法系的德国，专门处理罚金刑或者六个星期以下短期自由刑的案件。1924 年艾明改革修改了《刑事诉讼法》，将处罚令程序的最高刑期提高到三个月。在"二战"时期，德国法治环境被纳粹运动破坏，刑事处罚程序的适用范围被恣意扩大。直到"二战"结束，刑事处罚令程序的案件刑期再次被降低至三个月。1985 年德国《刑事诉讼法典》正式确立了处罚令程序，适用于"判处一年以下自由刑或保安刑的刑事案件"①。当检察官认为没必要对某项案件启动普通审判程序时，可以制作令状，将其调查到的案件事实与指控的刑罚写入，由法官进行书面审理，随后发送给被告人。在这项程序中，法官有审查令状合法性的义务，如果法官认为程序不合法或者量刑不当，可以拒绝签发。不过现实中很少出现法官拒签处罚令的情况。而被告人对于处罚令的判决，可以在令状下达之后的两周提起异议。据有关资料显示，在德国，至少有 50% 以上的刑事案件以处罚令的方式进行处理。通过这些方式，德国实现了案件分流，将司法资源从证据明显、性质轻微但在案件比例中占多数的轻罪案件中解放出来，重点对待案件重大、复杂的刑事案件。

在意大利，随着"二战"的结束，意大利法西斯政权灭亡，旧有的刑事司法制度也成为抨击目标。在此背景之下，意大利展开频繁的司法改革。从 1965 年到 1972 年，意大利宪法法院通过了一系列法令，以加强被告人的人权保障，提高其诉讼地位，完善辩护律师制度等。这些措施在促进司法改革的同时，也破坏了司法秩序的协调性，不完善的刑事司法制度阻碍了其刑事司法效率的提高。19 世纪 80 年代，意大利面临着案件积压、司法迟缓的困境，有限的司法资源无法处理积压的刑事案件，司法权威受到威胁。欧共体法院更是几次三番因意大利法院在审理案件中未遵守"合理期限"而判其有罪。② 因此，刑事诉讼的简易化与迅速化改革迫在眉睫，成为司法改革的重要目标。1987 年，意大利《授权立法法案》第 45 条指出，为使一些案件避开完整的法庭审判，当事人可以在审

① ［德］克劳斯·罗克辛著，王世洲译：《德国刑法学总论》，法律出版社 2005 年版，第 3 页。

② M. MERCONE，Diritto processuale penale，12eme ed，ed Simone，2004，p. 532.

判之前要求法官同意他们实现达成的有关被告人所处刑罚的协议。1988 年，意大利新刑事诉讼法典出台，将“基于当事人的请求而适用刑罚的程序”制度化和法律化。它规定被告人通过认罪直接接受刑罚，法庭给予刑罚上的优惠，从而避开审判程序，达到节省司法资源的目的。根据该程序的特点，我们认为其为意大利的刑事速裁程序。在本次改革中，确定“基于当事人的请求而适用刑罚的程序”的适用范围限于“在减刑三分之一后单处或与财产刑并处不超过两年的案件”。在 1988 年改革的基础上，为进一步实现“诉讼经济”的目的，意大利于 2003 年扩大了刑事速裁程序的适用范围，一是将减少三分之一量刑处以不超过两年有期徒刑提高到可能判处五年有期徒刑的刑事案件，二是增加了一些特殊刑事案件，即犯罪事实的性质较为严重或者犯罪嫌疑人较为危险的案件。经过这两次改革，意大利基本确立了刑事速裁程序。

在日本，“二战”后于美国的主导下进行宪法和刑事司法的改革，在原有的职权主义诉讼模式上，引入了对抗式诉讼模式的相关原则和制度，如国选辩护律师、辩诉平等种种，形成颇具特色的混合型诉讼模式。[①] 20 世纪后半叶，日本的刑事诉讼中普遍奉行“起诉状一本主义”，要求一切刑事案件问题都要放到庭上解决，由此造成了刑事审判的久拖不决，从而引起国民的诸多不满，损害了司法权威。1999 年成立的司法制度改革审议会在一份意见书中称，刑事审判的缓慢已成为影响国民对整个刑事司法信赖的一个重要因素。简易程序规定检察官在对被告人提起公诉之后的第一次公审期开庭时，法院根据被告人的认罪陈述与其他情况决定进行简易程序。但是，由于简易程序对诉讼程序的简化有限，日本国会于 2004 年通过刑事诉讼法修正案，确立了“即决审判程序”。[②]“即决审判程序”规定在未提起公诉之时，检察官就可以申请适用该程序，在犯罪嫌疑人同意并作出认罪之后，即可进入“即决审判程序”，从而实现迅速审判。

## 四、两大法系制度历史的比较与启示

如前文所述，英美法系中，刑事速裁程序主要以辩诉交易的面貌存在，而在大陆法系中，刑事速裁程序的具体表现为刑事处罚令。从历史进程上看，英美法

---

① 刘计划：《中国控辩式庭审方式研究》，中国方正出版社 2005 年版，第 15 页。

② 樊崇义：《日韩司法制度改革概述》，《中国司法》2008 年第 6 期。

系辩诉交易制度的产生与发展和对抗式诉讼审理模式是共生关系，对抗式诉讼模式建立后，辩诉交易便随之出现，而随着对抗式诉讼模式的发展完善，辩诉交易也广泛运用于司法实践之中。因此与其说是案件压力与司法效率对辩诉交易的要求，不如说是对抗式诉讼模式天然需要一种当事人协商的形式。而反观大陆法系刑事处罚令程序的产生与发展，更多的是受到刑事司法效率的影响，在有限的司法资源和不断攀升的犯罪率的矛盾之下，寻求司法程序上的改良，实现审判程序的快速化。

从发展过程上看，英美法系由于刑事司法诉讼制度的原因，先行产生轻罪简易审理程序，并在正当程序革命的背景下经受住考验并且取得发展。而大陆法系的刑事速裁程序受到了英美国家经验的影响，不可避免地借鉴了辩诉交易制度，但同时也引发了与传统模式契合与否的问题。在不断的争议之中，大陆法系国家结合自身的传统，特别是法官主导的职权主义诉讼模式，在一定程度上借鉴辩诉交易制度，创设出本国特色的刑事处罚令程序，丰富了轻罪快速审理程序的内涵，也对本国刑事司法实践产生了积极作用。

从发展程度上看，英美法系的辩诉交易制度几乎适用于所有刑事案件，而大陆法系国家的刑事速裁程序适用范围相对有限，各国都对其作出了严格规定。探究其原因，英美法系国家在刑事诉讼中贯彻当事人主义原则，以相关当事人为审判中心，一切刑事案件都通过当事人之间的司法竞技，获得事实真相，而法官仅仅处于消极的裁决地位。这就意味着，一切的刑事案件都有可能通过当事人的协商来解决。斗争与合作是一个事物的两个方面，对抗式诉讼模式下抗辩双方的斗争即为其合作提供合理性。而在大陆法系的传统之中，法官占据司法审判的绝对地位，而宪法原则又要求法官保持客观公正的立场。因此，大陆法系的处罚令程序并不如英美法系的辩诉交易的适用范围那般广阔（包括重罪案件），毕竟职权主义审判模式并没有提供这样一个法律环境，从而只能在诉讼程序的基本结构之内进行程序的简单化，而这种简化又必须维持某种底线，比如刑事处罚令启动之前，检察官会与被告人就起诉内容进行沟通，尊重被告人的意思表示，以保证诉讼程序的正义底线。

因此，我国建立刑事速裁程序是符合诉讼法规律的，但同时也要注意到其产生的历史根源，了解其不同的发展环境，对这一事物产生科学的认知。要充分认识到其合理性与局限性，即不畏首畏尾也不盲目跟风，在吸收域外优秀经验的同时，充分考虑到与本土环境的契合度，实事求是，以提高刑事司法效率为首要目标，构建适合中国特色的刑事速裁程序。

## 第三节　刑事速裁程序的主要特征

### 一、案件范围的受限性

在诉讼价值体系中公正与效率之间存在一定程度的矛盾与冲突，对司法效率的追求会影响司法公正的贯彻，对司法公平的机械固守也会阻碍司法效率的提高。刑事速裁程序以司法效率为价值取向，势必会增加裁判结果公正性的风险，影响司法正义、司法权威。因此，为了保障司法活动不逾越原则的界限，刑事速裁程序的适用应维持“底线正义”，即有限度地简化司法程序，提高诉讼效率，在维持个体正义的同时保证整体正义。据此，出于公平公正的要求，并不是一切的刑事案件都可以适用刑事速裁程序，其适用的案件范围受到限制。

在美国，因对抗式诉讼模式的天然关系，辩诉交易制度的适用范围相对广泛，但由于它强调“交易”的合意性，必须以被告人自愿为前提，所以仅适用于有罪答辩的案件。如果被告作无罪答辩，就不能适用这一程序。另外，像叛国罪、间谍罪等严重犯罪，也不在这一范围之内。在欧洲大陆的诸多国家，刑事速裁程序的适用范围更加明确而严格，既对适用的案件类型做了规范，又对适应的刑罚做了要求。在意大利，刑事速裁程序适用于最高判处五年监禁刑或财产刑的刑事案件。在法国，适用于主刑最高判处五年监禁刑或罚金刑的轻罪案件，并明确规定未成年犯罪、虚假新闻罪、过失杀人罪、政治罪等不包括在内。[①] 德国处罚令程序仅适用于“判处一年以下自由刑或保安刑”的轻微刑事案件。此外，日本、俄罗斯、西班牙的相关程序，也都作出了对适用范围的相关限制。

我国自开展刑事速裁程序试点改革以来，在各试点地区明确划定了适用范围。《速裁试点办法》要求可对“情节较轻、依法可能判处一年以下有期徒刑、

① 施鹏鹏：《法、意辩诉交易制度比较研究——兼论美国经验在欧陆的推行与阻碍》，《中国刑事法杂志》2007 年第 5 期。

拘役、管制，或者依法单处罚金的案件”适用认罪认罚从宽刑事速裁程序，并确定了11种犯罪类型：构成危险驾驶、交通肇事、盗窃、诈骗、抢夺、伤害、寻衅滋事、非法拘禁、毒品犯罪、行贿犯罪、在公共场所实施的扰乱公共秩序犯罪。随着改革的进一步深化，《认罪认罚试点办法》又将这一范围扩大为“基层人民法院管辖的，可能判处三年有期徒刑以下刑罚的案件”，2018年《刑事诉讼法》沿用了《认罪认罚试点办法》的相关规定，但同时也规定，如果存在“被告人是盲、聋、哑人或是尚未完全丧失辨认或控制自己行为能力的精神病人”“被告人是未成年人”“案件有重大影响”“共同犯罪存有异议”“就附带民事部分未能达成和解”等情况，则不能适用刑事速裁程序。

## 二、办案方式的简略化

刑事速裁程序以提升司法效益为基本追求，力求在刑事诉讼中实现诉讼程序的简化，省略烦冗程序，快速实现审判。相较普通刑事诉讼程序，刑事速裁程序可以没有检察官参加庭审，不举行证据开示和法庭调查，法庭直接宣判，甚至只需要格式化的判决书，通过这一系列的简化手段，办案方式更加简便快捷。

普通程序要求控辩双方在法庭上进行证据罗列，实行交叉询问等一系列庭审环节，这是各国刑事诉讼程序的基本规则。而辩诉交易程序、处罚令程序等简易程序则省略了上述环节，在开庭之前，控辩双方就达成协议，开庭之后被告人直接认罪，法官根据指控书立即判决，该程序比庭审化的简易程序更为简单、便捷。在意大利、德国、日本等大陆法系国家，被告人认罪之后法官根据检察官的起诉书直接判决，省略开庭审理程序，从而达到简化诉讼程序、提高诉讼效率的目的。如在德国的处罚令程序中，起诉时可以不提交书面起诉书，而是提出处罚令申请；被告人可以不经传唤参加庭审；法官仅通过书面审理可作出颁布处罚令的决定等。

我国的刑事速裁程序在程序运行上与法国庭前认罪答辩制度更为接近。在开庭之前，检察官若认为符合启用认罪认罚从宽程序的条件，可通知值班律师了解案件情况，之后由值班律师和被告人联系，如果被告人在清楚指控性质的情况下作出自愿的认罪承诺，则和检察官约定量刑，制作书面协议；在开庭时，确认被告人的认罪态度后，法官可不受普通程序规则的约束作出裁判。通过速裁试点，刑事案件的法庭审理可迅速结束，办案方式也得到高度简化。在我国，据《速裁中期报告》统计，检察机关审查起诉周期由过去的平均 20 天缩短至 5.7 天，人民法院适用速裁程序十日内审结的占 94.28%，比简易程序高 58.4 个百分点，当庭宣判率达 95.16%。

## 三、公诉机关的主导性

在刑事普通程序中，侦查、准备公诉、法庭审判三个阶段由侦查机关、公诉机关、审判机关分别承担，共同推进案件的办理，其中案件在实体上和程序上的裁判权都由法院掌握。而在刑事速裁程序中，为提高办案效率，简化了烦冗的庭审程序，使得案件的庭审环节或省略或缩减，法官一般只需确认被告人认罪的自愿性，在获得被告人认罪答辩的情况下径行根据检察官的起诉书径行裁判。可以说，检察官拥有一定意义上的裁判权，在刑事速裁程序中占有主导地位。

在各国的刑事速裁程序实践中，他们都不约而同地弱化了法院在诉讼中的地位，提高了检察官的主导作用。在德、意、日等国的刑事速裁程序中，当案件到达检察官手上，如果检察官认为符合速裁程序的适用条件，则只需把对被告人作出的指控与量刑写进指控意见书之中，再直接交由法院审理，而法院一般会同意检察官的指控与量刑。可见，刑事速裁程序将处理速裁案件的自主权很大程度地转移给了检察官，检察官成为实际意义上裁判者。在此基础上，加上检察官原有的指控权力，使检察官在刑事案件的处理中身兼案件指控与案件定性的双重角色，成为办理刑事速裁案件的主导者。

认罪认罚从宽制度同样强调了检察机关在办理刑事案件过程中的主导地位。刑事速裁程序能够将被告人认罪的轻微犯罪案件分流出正式庭审，因此检察机关办案主体地位的加强是应有之义。根据认罪认罚从宽的相关规定，当检察官接到符合刑事速裁程序适用条件的案件时，他们可以决定是否启动该程序。在之后的程序中检察官一直处于主导地位，他们首先对犯罪事实作出指控，包括罪名上和刑罚上的内容，随后通知值班律师为被告人提供法律帮助，在被告人认罪并同意适用速裁程序以后，法院在参照量刑建议的基础上作出裁判，案件即告结束。显然，在这一过程中，案件实际上在被告人接受检察官的指控与量刑意见之后便已有结果，法官虽然具有最终裁判权，但实践中对刑事速裁案件的审判往往只是一种形式。目前在理论界，对于速裁案件审判的形式化，也引发了是否应废除该程序并实行书面审理模式的广泛讨论。[①] 对此，本书将在第六章单独探讨。

## 四、诉讼环节的简捷性

我国2018年《刑事诉讼法》第二百二十四条规定："适用速裁程序审理案件，不受法定送达期限的限制，一般不进行法庭调查、法庭辩论，但在判决宣告前应当听取辩护人的意见和被告人的最后程序意见。"这表明，对于刑事速裁案件，当被告人确已认罪认罚，且对适用程序无异议并接受量刑建议时，法庭审理可以省略法庭调查和辩论环节，法官可径直作出判决。而在普通程序审理时，必须进行法庭调查和法庭辩论。《人民检察院刑事诉讼规则》第四百六十九条规定："公诉人出席简易程序法庭时，应当主要围绕量刑以及其他有争议的问题进行法庭调查和法庭辩论。根据案件情况，公诉人可以简化宣读起诉书，可以建议法庭简化法庭调查和法庭辩论。"适用简易程序审理的案件，仅可以简化法庭调查和法庭辩论环节。通过比较可以看出，刑事速裁程序省略了法庭调查和法庭辩论环节，但保留了被告人的最后陈述环节，既使得诉讼环节更加简捷，又兼顾了被告人诉讼权利的保障，从而维护了最低限度的程序正义。

裁判文书的简化亦是诉讼环节简化的表现之一。在我国，《人民法院第四个五年改革纲要》便提出裁判文书必须进行繁简分流，案件类型是文书繁简分流的标准之一，对于对适用简易程序、速裁程序审理的案件可以简化裁判说理。传统裁判文书采取的固定写作模式，无论案件繁简都采用通用模式，无法突出重点，也使得简单的案件呈现复杂化。对此，自我国开展刑事速裁试点以来，试点法院纷纷推行裁判文书简化改革，将判决书中的基本要素、核心内容简明扼要地突出，一目了然。在总结改革经验的基础上，《最高人民法院关于贯彻执行〈关于在部分地区开展刑事速裁试点工作的办法〉的通知》规定，刑事速裁程序一律使用格式文书，包括表格式文书和填充式文书两类，在实践中可作适当调整。

---

① 贾志强：《"书面审"抑或"开庭审"：我国刑事速裁程序审理方式探究》，《华东政法大学学报》2018年第4期。

## 五、诉讼结果的轻缓化

为了激励犯罪嫌疑人和被告人与司法机关合作，积极认罪，法律往往会给予他们一定的量刑优惠。在我国速裁试点之初，《速裁试点办法》第一条规定，“对危险驾驶、交通肇事、盗窃、诈骗、抢夺、伤害、寻衅滋事、非法拘禁、毒品犯罪、行贿犯罪、在公共场所实施的扰乱公共秩序犯罪情节较轻、依法可能判处一年以下有期徒刑、拘役、管制的案件，或者依法单处罚金的案件，可以适用速裁程序”。速裁程序因其良好的试点效果，被继续扩大应用范围，这不但包括地域范围，还包括适用刑罚的范围，即“对于基层人民法院管辖的可能判处三年有期徒刑以下刑罚的案件，事实清楚、证据充分，当事人对适用法律没有争议，被告人认罪认罚并同意适用速裁程序的，可以适用速裁程序”。2018 年《刑事诉讼法》第十五条规定：“犯罪嫌疑人、被告人认罪认罚的，可以依法从宽处理。”刑事速裁案件几乎都可以获得从轻处罚的诉讼结果。这是因为，刑事速裁程序的适用必须以被告人自愿认罪认罚为前提。同时，自愿认罪不仅可以根据情形认定被告人具备自首、坦白、立功等法定从宽情节，也包括被告人具备达成调解或和解协议的情节，这些情节都可以在基准刑之下进行一定比例的量刑减让。故适用刑事速裁程序的案件其诉讼结果均倾向于轻缓化，既有利于鼓励被告人认罪认罚，也可以推进我国刑事程序分流体系和轻罪制度的进一步完善。

# 第二章
# 刑事速裁程序的基本理论

刑事速裁程序是我国刑事诉讼制度在普通程序和简易程序以外创新设立的一项制度，也顺应了国际社会刑事诉讼简易化改革的趋势。早在“二战”结束后，世界各国为追求便捷、高效的刑事审判程序已有所改革，如美国的辩诉交易制度、德国的处罚令程序、日本的略式程序等。任何一种探索都不是无本之木，其产生和发展都有着历史的必然性，更是社会生产发展到一定阶段的产物。因此，对刑事速裁程序进行改革首先需要全面把握其理论基础、价值目标以及改革背景，如此才能保证改革路径的合法性与正当性。

## 第一节　刑事速裁程序的理论基础

### 一、刑事速裁程序的法社会学基础

法社会学是一门将法律与社会相结合的学科，主要研究法律现象与社会现实之间的相关性。法是依赖于社会现实而产生的权威性规范，社会对规范是否认可、认可程度如何，则取决于法是否能够让人们的利益得到满足。当个别社会人违反规范、打破正常社会秩序时，纠纷就产生了；当纠纷产生以后，修复被破坏的社会秩序仍需要新的规范予以约定，那么就必须知道如何才能修复。依据纠纷导致的侵害程度人们会选择采取不同的方法去解决，只有对秩序的破坏达到了社会不能容忍或私力救济不足以弥补时，才会使用公力救济的方式。刑事速裁程序是公力救济的程序性规定，其产生离不开对社会现状的归纳和总结。

#### （一）社会分工的精细化

马克思的唯物史观认为，社会分工是社会生产活动的基本组织形式，依据经济基础决定上层建筑的关系来研究刑事诉讼法的分层理论是必要的。法作为上层建筑的一方面，其产生和发展与经济息息相关。在从农业社会向工业社会的转变过程中，社会的分工依据工业生产的要求越来越精细；而进入信息化时代后，原有的分工远达不到服务行业的发展和新兴产业的发展要求。自国家行政机关形成后，社会分工不仅仅只是生产劳动的分工，还体现在非劳动产业的分工上，也就是为维护社会生产秩序而产生的分工。法律作为维护社会秩序的规范也依据不同的调整对象和关系而有所区分。

法国社会学家迪尔凯姆指出，社会是多元的，是由种种矛盾的部分组成的，必须有一种限定与平衡来适应相互矛盾的种种需要。刑事法律与犯罪之间的关系也是如此。刑法根据犯罪对法益的不同侵害程度划分为不同的层次，相对应的刑事诉讼也应当按照犯罪的不同层次将案件分流。这不仅有助于程序公正的实现和程序效率的提升，还是社会分工专业化需要在刑事司法领域的反映。一般认为，刑法以量刑程度为标准将犯罪行为划分为轻罪和重罪两个层次。一方面，尽管“无论罪名轻重法律均应当一视同仁”这一观点受到了社会的普遍认可，但这种观点强调的是司法者通过法律程序进行刑事制裁时应当具备的审慎态度。在具体的犯罪打击与控制过程中，不同的犯罪行为和犯罪程度对社会的危害和法益的损害存在差异，这实际上蕴含着司法为惩戒相应的犯罪所应当付出的资源成本也应当有所区别，否则不利于程序效率的实现。在制度本身缺乏效率保障的背景下，程序公正必然会成为一段空谈。另一方面，从现代审判实践发展来看，审判制度内部自发形成了专业分工的趋势，并且存在逐层细化的倾向；轻罪处理与重罪处理的机制分割则是其中具体的一个方向。这种做法有利于案件的集约化审理的实现，推动审判人员专业化素养提升，从审判技术优化的层面实现诉讼效率的提高，更好地兼顾公正与效率的实现。

那么，当法与社会之间出现破损时，对社会关系的修复也需要针对不同的情况分层处理。我国刑法对犯罪依据对法益的不同程度的侵害性进行了轻重之分，一般来说，量刑较重的犯罪需要花费的人力、物力、财力等均高于轻罪。鉴于此，我国对刑事案件的审理程序规定了量刑在三年以上的适用普通程序，量刑在三年以下的则可以适用简易程序。在此基础上，早期的刑事速裁程序探索将适用对象框定为量刑不超过一年的刑事案件。然而，随着《刑法修正案（八）》的出台，包括恶意欠薪、虚开增值税发票在内的一部分原不属于刑罚适用范畴的违法行为被立法确认为犯罪，同时修正案还对包括盗窃罪等既已规定为犯罪的行为之情形、性质进行了细化，从整体上降低了刑罚适用的门槛。这直接导致相当长一段时期内，全国法院判处一年以下有期徒刑的案件占全部刑事案件的43%①，且犯罪嫌疑人、被告人多自愿认罪认罚，对此，修正后的《刑事诉讼法》将速裁程序的适用范围扩张到在可能判处三年以下有期徒刑的案件。可以说，根据《刑法》对法益侵害程度的犯罪分层，刑事诉讼程序也在进行相应调整。

### （二）刑事处罚的预期效用

惩罚犯罪是刑法的目的，但并不是唯一的价值取向。尽管和谐社会是现阶段国家建设之重心，但我们必须认识到，和谐社会并不是一个完全没有纠纷与矛盾的社会。所谓和谐社会，强调的是社会运行中出现的矛盾和纠纷能够得到及时处理，发生的违法与犯罪行为可以受到有效控制。②控制矛盾既可以通过严厉的刑罚来迫使罪犯屈服，亦可以感化罪犯，正所谓“解铃还须系铃人”，彻底修复和根除犯罪所导致的社会关系，最好的方式则是从根本上改造罪犯，让其从主观上发现自己的错误、认识错误并且改正错误。所谓“预期效用”，是指某一制度的实施、采取什么样的方式实施分别可以达到什么样的效果，而刑事速裁程序的预期效果如何，则与犯罪嫌疑人、被告人的行为相关。

规范和适用刑事速裁程序，行为人能更容易认罪认罚，进而达到控制未来犯罪的目的。卡尼曼的“前景理论”指出，人在遭遇风险时，当预感会失去时则更倾向于赌一把，而预感会遭遇风险时则倾向于及时止损。而人们涉嫌刑事犯罪通常是一件必然的损失，被无罪释放的可能性极小，在这里对刑事犯罪是否会被定罪的风险不予以考虑，主要考虑量刑罚对自由的风险。③在非轻微刑事案件中，行为人本身的量刑在三年以上，不符合判处缓刑的规定，认罪认罚后量刑只是从轻，没有法定的减轻情节，很难将基础刑罚降低至三年以下，所以行为人则更偏向于“守口如瓶”；而在轻微刑事案件中，人们对量刑风险的认识比较明确，首先量刑比较轻微，同时，刑事速裁程序适用于三年以下有期徒刑的案件，且具有认罪认罚的情况，依据我国的认罪认罚从轻从宽程序和三年以内可以判处缓刑的规定，行为人有更大的确信自己会被处以轻缓化的刑罚或者免于刑事

---

① 刘广三、李艳霞：《我国刑事速裁程序试点的反思与重构》，《法学》2016年第2期。
② 陈兴良：《解读宽严相济的刑事政策》，《光明日报》2006年11月18日。
③ 陆雄文：《管理学大辞典》，上海辞书出版社2013年版，第231页。

处罚。行为人基于理性思考进行的认罪悔罪表现将更有利于从主观上改造罪犯，从而降低再犯罪的可能性。

对罪犯的惩罚和再犯罪的控制是为了修复被破坏的社会关系，而社会关系的修复往往需要修复成本。预期效用理论的核心是效用最大化，其反面则是成本的最小化。刑事速裁程序相比较普通程序和简易程序来说减少了法庭调查和法庭辩论环节，缩短了诉讼的审判成本；另外，鉴于刑事侦查是在犯罪行为发生后进行的，往往需要耗费大量的人力、物力和财力成本去找寻曾经的蛛丝马迹，但如果当事人愿意配合并协助侦查机关获得证据材料，无疑会减少侦查机关的侦查成本。所以从成本的角度考虑，在结果不变坏的前提下，刑事速裁程序能有效地节省司法资源，这也从效率上满足了刑事处罚的预期目标。

### （三）当事人的再社会化

犯罪行为是基于罪犯对法律规范的不认同或不完全认同，从而导致其社会习惯、社会行为与社会不一致。刑事惩罚包括强制犯罪嫌疑人、被告人再社会化的过程，而轻缓化的刑罚更有利于犯罪分子主动再社会化。[①] 根据马克思对于矛盾的主客观分析原理，当事情发生时，应当先找寻主观原因，再找客观原因，这样更有利于从根本上解决问题。刑事速裁程序的内在逻辑，实际上是以刑罚的适度减轻激励犯罪嫌疑人、被告人主动认识自身行为的过错，从主观层面先实现对犯罪的矫正，这对于犯罪嫌疑人、被告人的改过自新、再入社会更有价值。

同时，再社会化也体现为人们对社会的认知和融入。每一个涉案的当事人不管是否被采取限制人身自由的强制措施，一旦因为触犯刑法而被确定追诉，在相当的一段时间内，当事人至少在心理层面会与社会生活之间存在一定的隐形隔阂，不利于其正常的社会交流；社会民众对当事人的评价也可能会因为其涉嫌犯罪而发生改变。根据现行立法的规定，适用普通程序的刑事案件，一般审理期限在三个月左右，存在法定情形的还可以延长三个月；而适用简易程序审理的刑事案件，尽管审理期限被限制在二十日到一个半月的范围内，但在有关侦查和审查起诉的规则方面并没有作出相应的简化规定。这种较长时间的庭审等待过程和对庭审结果的不确定，往往使许多犯罪嫌疑人特别是被取保候审的嫌疑人对社会的隐形隔阂增加，其所受到的社会评价也会日趋向下，导致其欲回

---

① 林崇德等：《心理学大辞典（下）》，上海教育出版社 2003 年版，第 1643 页。

归社会而不能，通常情况下采取等待的方式直到诉讼程序完结，甚至服刑结束。目前，酒驾、轻微盗窃一类本身量刑不高、社会危害性不大的犯罪行为，通常事实清楚，证据确实充分，且当事人多自愿认罪，因而对其处罚多在一年以内，甚至半年以内，若将此类犯罪适用普通程序或简易程序，则犯罪嫌疑人、被告人脱离社会的时间越长，越不利于其再次回归社会。而在采用刑事速裁程序的情况下，被告人认罪认罚是程序适用的前提，同时在侦查和审查起诉阶段也存在贯穿式表现。这不仅从程序上能够大大缩短犯罪嫌疑人、被告人陷身诉累的时间，同时量刑优惠也使其能够在相对较短的时间内完成刑罚，有效地避免了与社会的长期脱节，有利于其尽快消除内心的隔阂与社会的负面评价，重新融入社会。

## 二、刑事速裁程序的法经济学基础

法经济学是20世纪以来西方兴起的一种从经济学角度认识与掌握法学概念、分析和解决法学问题的研究方法。经济学重视效率，法律强调公平，法经济学则是强调以有效率的方式实现公平。[①] 马克思认为，不管是政治的立法，还是市民的立法，从经济的角度来看，都只是在表明和记载经济关系的要求；而经济生活也会受到当期的政治意识和法律规则的干预和影响。[②] 这是法律与经济天然亲和的表现。[③] 在刑事法学视野下，并非任何破坏正常社会秩序、损害他人合法利益的行为都需要受到刑事法律的追诉。基于司法资源有限的社会经济背景，法律一般要求违法行为的社会危害性达到一定程度，才会启动刑事诉讼的方式予以制裁；同时，作为程序法的一个重要目的，最小化纠纷解决成本要求对于不同情节的刑事违法行为，需要通过构建多层次的刑事追诉机制和案件分流体系，提高刑事诉讼制度的经济性。因此，刑事速裁程序的出现，在法经济学视域内具有相当的可预见性。

### （一）法律均衡的实现

法律均衡理论是法学研究领域对经济学中“供给—需求”理论的重要借鉴成

---

① 冯博、李增刚、王楠：《法律经济学的学科体系与理论应用——第十五届中国法经济学论坛综述》，《经济研究》2017年第7期。

② 中共中央马克思恩格斯列宁斯大林著作编译局编译：《马克思恩格斯全集》，人民出版社1958年版，第121~122页。

③ 冯玉军：《法律与经济推理：寻求中国问题的解决》，经济科学出版社2008年版，第1页。

果，是指法律供给和需求在量上处于均等状态，并且在机会成本最小的点上实现法律主体的权利、利益持续平衡的状态。[①]所谓“法律供给”是指国家机构通过立法、司法到执法等机制，能够为社会提供法律服务的能力，而法律需求是指人们愿意并且能够承担的购买法律资源的能力。具体到刑事诉讼领域，法律供给和法律需求的概念会存在一定的调整：法律供给，是指国家机构通过各种法律活动能够打击犯罪行为、维护社会稳定的能力；法律需求，是指以公民间关系为组成单位的社会共同体愿意并且能够承担支持刑事程序运行以制裁犯罪的能力。在此基础上，刑事诉讼领域的法律均衡，实际上是对刑事诉讼惩戒犯罪、保障人权活动的成本最小化和效益最大化关系平衡之追求。

尽管在一般的经济生活中，国家机器可以通过各种方式，通过对供需关系作出调整，实现均衡；但在刑事诉讼活动中，国家只能通过对法律供给方式的调整，实现法律均衡的状态。这是由刑事诉讼法和刑法的关系所决定的。现代刑事法治理念认为，刑法是刑事诉讼进行的内容和实体上的依据，刑事诉讼法是刑法正确实施的保证。[②]这意味着，人们在一个时期内的刑事诉讼法律需求实际上是既定的，即是同时期的刑法所追求的打击犯罪、保障人权之目标；并且从刑法所保护的法益来看，这种需求属于马斯洛安全需求的基础内容，应当予以充分的重视和保障。在此背景下，国家在刑事诉讼法律方面的供给必须围绕刑法的实现来进行，才有可能使刑事诉讼法律层面的供需保持平衡状态。

那么，对刑事诉讼法律供给的讨论，实际上是从其内部研究如何以较低的刑事诉讼成本，更有效益地实现刑事法律的目标。通常认为，刑事诉讼成本包含货币性成本和非货币性两种形式构成。顾名思义，货币成本就是直接以金钱的形式支付的诉讼成本[③]，如公安机关因侦查案件而承担的侦查费用、律师的辩护费用以及国家付给法官、检察官的工资；非货币成本则是诉讼各方因为诉讼活动而付出的时间与精力。如果国家和社会对轻微刑事案件的处理承担与普通刑事案件甚至重大刑事案件相同的诉讼成本，实际上是耗费了更多的诉讼成本却没有获得更多额外的诉讼效益，资源配置下的帕累托最优就无法实现。但如果能够在处理轻微刑事案件时对刑事诉讼程序进行有条件地、适当地简化，在保证诉讼公正的前提下，通过缩短审判周期以及鼓励犯罪嫌疑人、被告人认罪认罚

① 冯玉军：《论法律均衡》，《西北师范大学学报（社会科学版）》2000 年第 4 期。
② 樊崇义：《刑事诉讼法学（第 4 版）》，法律出版社 2016 年版，第 9 页。
③ 李珂、叶竹梅：《法经济学基础理论研究》，中国政法大学出版社 2013 年版，第 246 页。

等方式，在降低诉讼成本总量的同时实现诉讼效益的提升，能够更好地实现刑事诉讼制度领域的法律均衡。这可以说是刑事速裁程序出现的逻辑起点。

## （二）威慑效应的积极性

威慑效应虽然源生于刑事法学领域，但自其诞生起便与经济学有着不可分割的联系。18 世纪经济学家、法理学家贝卡里亚是威慑效应的首创者，他认为刑罚的目的在于阻止罪犯重新侵害公民，并规诫其他人不要重蹈覆辙。[①] 他在论述中指出，刑罚的效力必须建立在让人们因为刑罚所遭受的痛苦远大于犯罪所带来的好处之基础上，初步明确了刑罚的威慑效应本质是“受罚—受益”联系；在此基础上，现代法经济学领域学者利用“成本—收益”理论进一步对其进行解读和扩展，更好地发挥威慑效应在不同情形下的理论功能。

在早期的研究成果中，威慑效应主要是通过不断增强刑法对犯罪行为的制裁力度，警示民众严格依照法律规范自己的行为，从而遏制犯罪行为的发生。但这种威慑效应是通过增加潜在违法者内心的恐惧来避免自己出现法律所不容许的行为，性质上是消极的。近年来，人们逐渐意识到，以“成本—收益”为内容的威慑效应还能够适用于对既已暴露的违法者进行追诉的过程，并且具备积极作用。具体而言，就是让犯罪嫌疑人、被告人因避免获得相对较重的刑罚或遭受长期的诉累而主动认罪认罚、交代犯罪情节，本质上是一种激励机制。它的法经济学逻辑在于，对犯罪嫌疑人、被告人本身而言，其能够通过认罪认罚的行为，以相对较轻的刑罚成本替代其本应承受的财产刑或自由刑，使其接受刑罚的成本降低。对刑事追诉机关而言，犯罪嫌疑人、被告人的认罪认罚能够大大降低公安机关的案件侦查难度，还能减少检察机关和法院在案件审查起诉和审理阶段的诉讼成本，实现刑事案件的快速审结。对他人和社会而言，一方面，犯罪嫌疑人、被告人的认罪认罚还可能减轻甚至消除因犯罪行为带来的损害结果[②]；另一方面，犯罪嫌疑人、被告人选择认罪认罚从而换来司法机关对其量刑上给予适当优惠，对于未来案件的被追诉人也能形成一定的促进、示范效果。可见，在威慑效应激励下，犯罪嫌疑人、被告人的认罪认罚能够有效降低刑事诉讼成本，提高刑事诉讼经济效益；以此为运作内核的刑事速裁程序也因此具备了法经济学上的正当性、基础性支撑。

---

① ［意］切萨雷·贝卡里亚著，黄风译：《论犯罪与刑罚》，中国法制出版社 2002 年版，第 49 页。

② ［美］沙维尔：《法律经济分析的基础理论》，中国人民大学出版社 2013 年版，第 461 页。

### （三）刑事诉讼的博弈性

经济学研究中的博弈，通常是指两个或两个以上博弈方根据特定博弈规则，企图达到某种目的的一种对抗性活动。[①] 它研究的是不同博弈主体间相互依赖、相互影响的决策行为及其后果，强调人的理性在其中的作用；当经过博弈所得之平衡策略（组合）能够满足博弈主体期望收益的最大值，并且能够得到所有博弈者的遵守，这个策略（组合）即纳什均衡。法经济学将包括刑事诉讼在内的诉讼程序视为博弈活动，很大程度是因为诉讼规则本身符合经济学原理上有关博弈规则的要求；同时，在刑事诉讼中，控、辩、审三方因为追求的目的不同，彼此间存在一定的对抗性，形成了三方博弈关系。然而，控、辩、审之间的博弈关系又可以随着诉讼活动的推进最终获得一个方案。如果这个方案能够同时满足三方参与刑事诉讼活动的目的，并且能够得到三方的遵守，那么即可认为刑事诉讼的纳什均衡得到实现。可以说，在法经济学视域下，刑事诉讼天然地具备博弈性特征。

刑事速裁程序的出现是刑事诉讼中博弈性充分研究的成果。博弈的基础根源于理性人经济假设。在这个假设中，控、辩、审三方都具备趋利避害性。检察机关作为控方，其诉讼行为不仅关系对被害人的抚慰和对犯罪行为的打击，还直接影响到案件侦查和审查起诉的成本之实现与效率，因此当检察机关提起公诉时，其追求的是确定被告有罪并且让其承受刑罚制裁；被告人及其辩护人作为辩方，其诉讼行为核心在于使被告人无罪或者罪轻，因此当被告人及其辩护人展开辩护时，其追求的是尽可能地使被告人不受或少受刑罚；法官作为审判方，其诉讼行为在个案上有关保障人权和惩戒犯罪，在整体上则有关司法公正和法律权威，因此其裁判必须中立、高效与准确。如果对所有案件都严格按照普通程序进行审理，被害人和被告人都可能因为涉诉过久而权利受损，检察机关和法院也会因此承担巨大的诉讼成本，刑事诉讼制度难以有效运转。以此为背景设置的刑事和解程序与认罪协商程序尽管同样符合博弈的特征，却会减损刑事法律预防犯罪的功能，还可能因成为有赔偿能力的人提供逃避刑罚的工具而使刑事诉讼的平等性遭到质疑，无法达成纳什均衡。刑事速裁程序作为普通程序的简化，因为法官的中立参与，一方面对检察机关的从轻量刑和被告人的认

---

① 熊明辉：《诉讼论证：诉讼博弈的逻辑分析》，中国政法大学出版社 2010 年版，第 77 页。

罪认罚之间的合法性进行审核，另一方面通过刑事裁判对前述博弈活动的公正性进行了“背书”，既避免了对犯罪的放纵，也表达了司法机关对认罪认罚行为的认可和支持，妥善协调与实现了控、辩、审三方的诉讼追求，能更好地贯彻宽严相济的刑事政策。

## 三、刑事速裁程序的刑法学基础

刑法是为了调整人与人之间的关系、维持社会秩序而产生，是规定犯罪与刑罚的法律规范，是对犯罪的实体性规范。我国刑事法律的立法目的是为了惩罚犯罪和保护人民。惩罚犯罪作为刑事法律的目的之一，是通过对犯罪行为的规定指导人们的行为，并通过对犯罪行为予以刑事处罚的约定达到预防犯罪的目的。总而言之，惩罚犯罪的本质是为了预防和控制犯罪，是一种防患于未然和亡羊补牢的规范性约束。而刑事诉讼程序的特殊价值便在于保障刑法目的和价值的实现。

### （一）惩罚犯罪与保护人民的刑法目的

最初，在惩罚犯罪的刑事目的和职权主义的诉讼模式引导下，我国的刑事司法侧重对犯罪的打击，对保护人民的理解仅限于防止犯罪行为继续侵害无辜民众的人身和财产安全，因而整体上呈现出从重处罚的特点。这在刑事诉讼中表现为侦查机关和检察机关对犯罪嫌疑人采取强制措施非常普遍，以限制犯罪嫌疑人、被告人的自由来遏制犯罪行为的发生。然而，随着社会的进步和法治文明的发展，宪法所倡导的人权理念逐渐为刑事法律体系所吸收，权利保护的体系得到更进一步的建构与完善。立法机关开始意识到，刑法保护人民，不仅仅是保护无辜民众免受犯罪行为的侵害，还应当保证被刑事追诉的人免遭与其行为危害程度不相匹配的惩罚——这主要是强调法律对犯罪嫌疑人、被告人的定罪量刑应当公正合理。因此，立法者开始重视刑事诉讼制度所提供的程序价值，希望通过诉讼程序为公权力打击犯罪提供正当性与权威性基础。在这个阶段，《刑事诉讼法》中增加了大量与保障当事人诉讼权利有关的内容，同时对刑事诉讼的侦查、审查起诉和审理环节作出了尽可能详细的规定，意图通过规范化的程序来保护犯罪嫌疑人、被告人的合法权利。然而，烦琐的程序未必能够实现对人权的保障，相反，还可能导致当事人因为程序迟延而受到侵害，最典型的莫过于超期羁押现象。在社会分工精细化的现实趋势和刑事诉讼效率提高的司法需求的作用下，刑事简易程序与刑事速裁程序的出现可以被认为是顺应了时代发展的潮流。就刑事速裁程序而言，该程序的适用使轻微刑事案件快速处理成为现实。这不仅能够提高刑事诉讼定罪量刑的效率，实现对犯罪的惩戒与打击，在附带民事责任的情况下还能够使被害人的合法权益得到及时补偿。可以说，刑事速裁程序很好地体现了刑法打击犯罪与保护人民并重的目标。

### （二）罪刑法定原则

费尔巴哈认为，无法无罪，无法无刑。罪刑法定原则最早可以追溯至1215年《英国大宪章》第39条的规定；随后在资产阶级革命中，它又成为18世纪西方启蒙思想家为反对封建刑法的罪刑擅断而提出的武器，并以限制司法权的滥用和保障人权为核心或宗旨。[①] 一般认为，罪刑法定原则在形式上包括法律主义原则、事后法禁止（即溯及力禁止）和类推禁止三个方面的内容，在实质上包括明确性原则和实体正当程序两个方面的内容。[②] 刑事诉讼制度的一个重要功能，就是保障刑法的实现，这就决定了刑事诉讼程序的建构在保有其独立意义的同时应当尊重刑法的基本原则和内在规律。罪刑法定原则自然不能例外。然而，刑法对公民的行为作出是否有罪的评价，受制于刑法制定时所处的国家政治与社会实践情况，以及统治阶级对某种行为的打击或倡导需要。因此在某个特定的社会历史环境下，罪与非罪是可能发生转化的，如1979年《刑法》规定的投机倒把罪名在1997年修正的时候被取消；同理，打击力度的不同与转变，也会使刑法对某项行为的轻罪和重罪定性发生改变，这在涉及财产类犯罪和公共秩序类犯罪领域内尤为明显。与此同时，经济与社会的快速发展强调公民的社会行为应当愈加规范，这为国家违法犯罪惩罚程序的细化和完善提供了巨大的动力，一部分原本没有规定在《刑法》之内，但又以限制或剥夺人身权利的方式进行惩罚的行为被逐步纳入《刑法》规范的范围。这会导致一大批轻微刑事案件的出现。对于这类案件，如果因为其犯罪情节轻微而将其排除在刑事法律规范之外，无异于历史与法治的倒退；如果通过刑事简易程序或普通程序进行处理，又相对增加了司法的成本，影响程序的效率。而刑事速裁程序的设置，一方面能够

---

① 马克昌：《马克昌文集》，武汉大学出版社2005年版，第13页。

② ［日］曾根威彦著，黎宏译：《刑法学基础》，法律出版社2005年版，第9~14页。

使轻微刑事犯罪案件通过法定的程序得到应有之处置，另一方面又为轻微刑事犯罪的处理妥当地分配了司法资源。这可以说是从司法成本控制方面，保障了罪刑法定原则的实现。

### （三）罪刑相适应原则

惩罚犯罪是刑法存在的天然目的，而刑事诉讼则为国家机关通过追诉犯罪使行为人受到惩罚提供了重要的正当性支持。然而，边沁曾经指出，我们所指定的规则，多大的罪用多大的惩罚；应当用树枝纠正过程，不用可怕的鞭子抽打。[①] 这意味着，不是所有的犯罪行为都应当适用同样的刑罚。更进一步地说，同一种犯罪行为导致危害的程度不同，也应当适用不同的刑罚。从这个角度来看，罪刑相适应原则在刑法体系中具备双层效用。第一层效用是人权保障效用，这是刑法的直接效用。人权保障效用的发挥，一方面表现为避免犯罪行为人遭受比其行为的社会危害性程度显著偏高的惩罚，另一方面则能使因为犯罪遭受侵害的人们及遵纪守法的民众在情感上得到抚恤。第二层效用是资源配置效用，这是刑法的间接效用。资源配置效用的存在实际上是对人权保障效用的支持。这是因为如果对所有犯罪都配置同样的惩戒资源，不仅可能无法满足重罪惩戒的效果，还可能对轻罪惩戒形成过犹不及的状态，刑罚的目的便难以实现。因此，量刑的多少应当取决于犯罪行为对社会的危害性和犯罪分子个人的危险性。在此基础上，如果轻微的量刑仍然要通过普通的公诉程序或相对简化的简易程序进行处理，无疑是从处理程序上加大了司法资源的投入。为了使司法资源的配置更为合理，诉讼成本的控制更为妥当，应当为轻微犯罪、轻微量刑配置更为妥当的程序。这是现代刑事诉讼制度普遍具备速裁程序的重要原因，也是罪刑相适应原则的效用在刑事诉讼领域的反映。

## 四、刑事速裁程序的诉讼法学基础

诉讼法存在的价值是为了实现程序正义。程序正义的实现有赖于程序法定，要求程序规则具备细致化的办案和诉讼流程。同时，凡是诉讼法规定的程序都应该被遵守。在此基础上，程序是否违法比较容易被发现和矫正，故又被称为

---

① 张军：《刑法基本原则适用》，中国人民公安大学出版社 2012 年版，第 75 页。

“看得见的正义”。一般认为，促成这种正义的形成和保持这种正义的状态是诉讼法学理论研究的核心，诉讼法学的众多理论基础也是以此为中心展开。在本论题下，从刑事速裁程序的内涵出发，主要关联的诉讼法学基础有诉讼程序多元化、起诉便宜主义和当事人核心主义三个方面的内容。

### （一）诉讼程序的多元化

诉讼爆炸与案多人少的不平衡催生了诉讼程序的多元化。多元化意味着诉讼终局不仅仅依靠裁决，还可以依靠调解、和解等方式。近些年我国在民事领域注重民事诉讼当事人之间达成调解，成效显著。实践中，民事法官们也更偏向于调解结案，原因在于经调解结案的案件往往能够实现纠纷处理的一次终结，鲜少出现再次诉讼的情形。既然诉讼多元化在民事领域颇有成效，是否可以推广至刑事领域？

与民事诉讼所处理的平等关系相比，刑事诉讼作用于犯罪行为的审判，在某种程度上是国家公权力对其意图打击的、并且由个体作出的行为的追诉。早期的刑事诉讼理念曾经指出，刑事诉讼作为公权追诉的机制，允许以调解或和解的方式处理刑事纠纷，会使刑事司法的权威性遭受质疑，还存在受损法益不能得到足额弥补之漏洞。然而近年来，随着刑事诉讼理念研究的推进，对程序效率的重视和刑事审判的业务量剧增分别从理论研究和司法实践两个层面呼唤诉讼程序多元化的实现，以更好地保障国家、社会和当事人的合法权益。公正与效率是构建多元化刑事审理程序中需要平衡，并且应当尽可能兼顾的双重价值。[①] 基于此，最高人民法院分别于 2003 年 3 月和 2014 年 8 月先后颁布了《关于适用普通程序审理“被告人认罪案件”的若干意见（试行）》和《速裁程序试点办法》，分别在我国刑事诉讼领域创新了简易程序和刑事速裁程序。这两种经过简化的刑事诉讼程序都在随后的《刑事诉讼法》修订中被正式接纳，成为我国刑事诉讼制度的重要部分。两种诉讼程序的创制尤其是刑事速裁程序的出现，不仅丰富了刑事诉讼程序的内容，还能够有效提高刑事诉讼的办案效率和优化司法资源的配置。值得明确的是，刑事程序的多元化探索并没有影响刑事案件定罪量刑的公正性。在犯罪嫌疑人、被告人认罪的前提下，法院只是在量刑上引入了从宽处理的理念，将自愿认罪认罚和取得被害人或者近亲属谅解作为可以依法

① 李玉华：《探索刑事审理程序多元化》，《中国社会科学报》2016 年第 5 期。

从宽处罚的情节。而行为人不认罪的案件，则将其分流至普通程序，经过完整严谨的诉讼流程获得最终的裁判结果。

### （二）起诉便宜主义

起诉便宜主义可以被认为是现代刑事诉讼制度的发展趋势，无论是在大陆法系抑或英美法系的刑事诉讼立法中均得到了广泛认可和采纳。起诉便宜主义产生于19世纪后期，主要是为了弥补起诉法定主义在司法实践中的漏洞，使刑事诉讼能够更有效率地发挥打击犯罪和保护人权的作用。起诉便宜主义，又被称为“起诉裁量主义”，即允许检察官在处理刑事案件过程中，对其认为具备足够犯罪嫌疑并且具备起诉条件，在法律规定的范围内自行斟酌是否具有起诉之必要，并作出最终的决定。可以说，起诉便宜主义是立法赋予检察机关履行公诉职能时的一项特殊权力。根据罪刑法定原则，当事人的行为一旦有证据被认定为犯罪，检察机关即应提起公诉，法院代表国家通过诉讼程序对犯罪行为进行追究，并且依据刑法的规定予以定罪量刑。但在起诉便宜主义的指导下，检察机关在审查起诉阶段可以就起诉相关问题进行考虑。从广义上看，这些问题可以包括：第一，是否应当提起公诉或者撤销公诉；第二，应当适用何种程序实现对犯罪的追究；第三，应当如何建议定罪量刑。其中第一项是当前起诉便宜主义的根本内容；第二、三项更多是指检察机关的裁量范围。检察机关对前述三项问题的处理关系着法院审理活动的开展，同时也关系着犯罪嫌疑人、被害人的合法权利是否能够得到满足与实现。根据修订后的《刑事诉讼法》第一百七十二条内容，立法对检察机关认为案件可以通过速裁程序处理时所适用的审查起诉期间作出了特殊的规定。而在此前与速裁程序、认罪认罚有关的试点办法中，更是规定了侦查机关、检察机关可以就案件适用程序向其后手阶段提出建议，从而提高刑事案件的处理效率。可见，速裁程序的设置符合起诉便宜主义之内涵。

### （三）当事人中心主义

当事人主义是相对于职权主义而言的，强调当事人在诉讼中的主导地位。当事人作为启动、推动和结束诉讼的关键力量，在符合法律规定的前提下，诉讼程序的推进应当尊重当事人的意愿，保护当事人的合法权利。需要注意的是，当事人主义并不是要求当事人在刑事诉讼中享有绝对的“一票否决权”，而是指当事人在刑事诉讼中应当具备充分发表自己的见解的权利。当事人主义得以贯彻执行的前提在于法官居中裁判，控辩双方的诉讼权利平等。在具备速裁程序的域外国家，控辩双方在诉讼中地位平等，法官居中裁判，依据双方提供的证据进行裁决。一般认为，在刑事案件中，侦查机关掌握主要的犯罪证据调查和收集权力；尽管具备律师资格的辩护人在证据的调查和收集方面也获得了法律的授权，但与域外相比，这种权利的运用范围十分狭窄。侦查机关在这个过程中逐渐全面掌握犯罪事实，能够为检察机关的审查起诉工作提供有效参考；而检察机关在审查起诉阶段对刑事案件的认识与了解，也为法院在审判阶段对刑事案件的正确裁判提供了充足的准备。近年来，受世界范围内的人权运动影响，域内外的刑事诉讼制度开始关注刑事诉讼中的当事人保障。随着当事人主义的强化和庭审中心主义的司法改革，刑事公诉案件的“三角结构”愈发受到重视，刑事被告的诉讼权利也受到了较大的关注。根据联合国《公民权利和政治权利国际公约》和我国刑事诉讼法的规定，犯罪嫌疑人、被告人，尤其是暂时限制或被剥夺人身自由的犯罪嫌疑人、被告人不但享有获得公正审判的权利，而且享有迅速审判的权利。刑事速裁程序的设置赋予了犯罪嫌疑人自愿选择是否适用速裁程序的权利；虽然程序的适用与否最终仍然是由法院决定，但根据现有立法，法院的决定权必须建立在当事人愿意适用速裁程序的基础之上。此外，立法允许犯罪嫌疑人与被害人之间达成谅解，且这一谅解最终会影响程序的适用和量刑。可以说，在当事人主义的主导下，刑事案件当事人可以更主动地选择对其最优的结果，而不是只能被动接受。由此，在客观环境方面，速裁程序具备了存在与发展的深厚基础。

## 第二节　刑事速裁程序的价值基础

马克思·韦伯认为，所谓实质合理性或价值合理性，是指立法者创设法律的目的是为了实现全社会人们的共同理想和信仰；如果是出于私利并且背离全社会人们的共同幸福，那法律就是不合理和不正义的。可见，这种合理性是寓生于法的价值之中。通常，法的价值表现为法对社会和人们之需求的满足，它以法的属性为基础，以客体和主体之间的关系作为存在依据。经过历代学者的沉淀，对法的价值的研究，基本固化为四种基本价值形式，即公正、效率、实用、自由。

## 一、刑事速裁程序的公正价值

一般而言，刑事案件都需要经过侦查、审查起诉和审判三个阶段。根据司法现状，适用普通或简易程序的刑事案件，需要经过大量的审批程序，从侦查的拘留、逮捕、起诉到庭审、判决均需耗费大量的时间在流程审批和证据审核上。现有的刑事诉讼审判程序从本质上并未能节省刑事案件处理程序的时间。从现代刑事诉讼制度的要求来看，公正既有实体公正又包括程序公正。

适用刑事速裁程序的前提条件包括三个方面，一是案件事实清楚、证据充分，二是犯罪嫌疑人、被告人承认及认可指控的犯罪和量刑，三是当事人对适用速裁程序没有异议。刑事案件往往是对过去所发生的事情的证明，其结论的唯一性依赖于证据搜集的充分性和完整性。但是，并非所有的犯罪事实都能够完整地还原。故对于刑事审判而言，当事人之间的直接供述更能够还原现实也更能够让裁判者相信。既然在审判之前犯罪嫌疑人、被告人已经自愿认罪并供述了案件事实，且案件事实与侦查机关在收集与调查证据基础上认定的事实一致，兼之包括犯罪嫌疑人在内的当事人对此也不存在异议，法官即可对相关事实予以认定，并据此参照刑事实体法进行定罪量刑。这同样是实体公正的表现。

在程序公正方面，有观点认为，立法允许速裁程序对法庭调查和法庭辩论予以省略，甚至在诉讼前的司法审批程序上也更便捷，这种程序上的简化未免诱发程序失正之虞。然而笔者认为此种担心略显多余。回归到刑事诉讼的环节功能本身，法庭调查的存在主要是为了方便法官了解起诉事实和对证据进行查明，而法庭辩论的设置则是控辩双方对有争议的问题阐述主张和说明理由。鉴于刑事速裁程序在启动之初便明确了犯罪嫌疑人、被告人对被指控的事实无争议，那么法庭调查和法庭辩论的存在价值也就弱化了。故可认为，刑事速裁程序的适用从本身的设置上不存在对程序公正的违背。

尽管满足了上述实体和程序的公正，但仍有人会质疑犯罪嫌疑人、被告人在法律专业知识方面的缺失，难以证明其从主观上已经知晓适用法律和认罪的一致性。对于此问题，我国在程序设置中特别强调律师参与的重要性，建立法律援助律师值班制度，让犯罪嫌疑人、被告人能够及时地咨询和了解自己的案件情况，得到专业的法律建议。虽然不能完全解决犯罪嫌疑人、被告人因法律知识储备较少而导致的认知瑕疵，但已经能更大程度上实现止损和公正。基于此，笔者认为，纵然与普通程序相比，速裁程序的法庭调查和辩论两个环节被省略，诉讼时间被进一步压缩，但因为直接证据的获得和嫌疑人、被告人的认罪而让定罪量刑更为可靠，速裁程序的公正性从整体上并不会受到减损。

## 二、刑事速裁程序的效率价值

诉讼效率是指司法资源的投入与案件处理之间的关系。从现阶段的法治理论来看，诉讼效率的实现，是强调在保证公正性的前提下，以尽可能少的司法成本获取尽可能大的司法收益。尽管我国此前的《刑事诉讼法》已经规定了普通程序和简易程序，但此次修法将刑事速裁程序纳入立法仍存在较大的意义。相比较于普通程序而言，简易程序更注重司法效率；但简易程序仍然将公正价值作为其重要追求，因此在检察官出庭、审判方式、证明标准、审级制度等问题上与普通程序相比，并无重大区别。[①] 相比较普通程序和简易程序而言，刑事速裁程序更注重效率。所谓“迟来的正义非正义”，立法在考虑司法公正的同时也应当注重司法效率。

### （一）加快刑事案件办理速度

所谓刑事案件的办理速度，并不单指法院庭审的速度，也包括侦查和审查起诉的速度。在刑事诉讼中，公、检、法三机关本就是分工合作、相关配合的关系，单纯只依靠庭审程序的快速推进并不能从本质上实现刑事速裁，公安机关和检察机关也应当在自己的职责范围内有效率地履职。尽管当前《刑事诉讼法》将速裁程序置于审判程序的内容范畴，但是有以下两点值得注意。第一，从法律体系上看，速裁程序本身及认罪认罚理念的配置，打通了刑事审判与刑事侦查、刑事公诉之间的关系，使速裁程序的效用能够突破案件的审理阶段扩展到对案件的侦查和审查起诉发生影响。第二，从《刑事诉讼法》修订前“两高”制定的相关意见与办法来看，依法快速办理符合特定条件的轻微刑事案件，是一种简化工作流程、缩短办案期限的工作机制，整体上就是一套公、检、法联动的机

① 汪建成:《以效率为价值导向的刑事速裁程序论纲》,《政法论坛》2016 年第 1 期。

制：这种机制适用的轻微刑事案件必须同时满足案情相对简单、事实比较清晰、证据确实充分以及犯罪嫌疑人、被告人认罪四项基本要素，必须保证对工作流程的简化和办案期限的缩短建立在不逾越立法在程序和期限方面的强制性要求，并且应当以确保办案质量为前提条件。侦查机关的职责是搜集与犯罪行为有关的一切证据材料，然而证据材料会因为其隐蔽性而难以知悉，特别是对于直接证据的获取。犯罪嫌疑人、被告人承认自己所犯的罪行，如实供述犯罪的经过当然包括协助公安机关搜寻有关物证、书证等证据。在行为人的协助下，侦查机关进行侦查的时间则会相应缩短。普通案件检察机关的审查起诉期一般为一个月，而立法在此基础上对时间进行了压缩。检察院之所以能够快速作出决定，是以案件事实清楚、被追诉人对量刑不存在异议两项要素为前提的。按照相关立法规定，对确定适用刑事速裁程序的案件，法院一般需要在十日内审理结案。单纯从时间上来看，三机关办理刑事案件的时间大大缩短。

### （二）优化刑事审判程序的资源配置

成本与效益本是一组经济学概念，随着法经济学的发展，“成本—效益”概念也逐渐引入刑事诉讼法学研究当中，与具体的刑事诉讼制度相结合获得持续发展。成本效益核心的含义是成本的最小化、效益的最大化。从修复社会关系的角度来看，一旦发生刑事案件，快速侦破案件、保护公民安全和维护社会稳定便是第一要务，所以刑事速裁程序的探索便能有效地解决这一问题。在司法资源固定的前提下，能否合理配置司法资源很大程度上影响着案件的流转速度和办案质量。在认罪和不认罪的案件中，显然不认罪的案件更需要资源配合；在轻缓案件和重大案件中，显然重大案件的需求更高。刑事速裁程序本质上是通过有条件的程序省略，一方面在资源分配上使得轻微刑事案件占用司法资源最小化；另一方面，在诉讼进程上以尽快修复被破坏的社会关系和惩戒人的犯罪行为为追求。这种做法能够使重大、疑难、复杂的刑事案件获取更多司法资源，避免因为司法资源不足导致的诉讼迟延或裁判不当等问题，导致显失公平情形的出现，有损司法权威。可见，刑事诉讼资源的优化，实际上是减少司法资源在轻微案件上的浪费，将更多的法律人力、物力和财力用到关键之处，以保证刑事诉讼之公正得到实质性实现。

## 三、刑事速裁程序的实用价值

恩格斯曾指出，规则脱胎于人们在日程生活中形成的生产、分配、交换等社会行为之一般习惯；在这个过程中，具备实用性的习惯得以巩固与保留，最终被提炼成人们愿意遵守的法律，不具备实用性的习惯则会遭到淘汰，被社会发展的洪流所淹没。这也充分揭示了，某一习惯最终能够成为法律，根本原因在于其具备实用性而不应当被时代所摒弃。截至刑事速裁程序被《刑事诉讼法》正式接纳之前，相关试点工作在我国已经进行了三年有余。可以说，与其相关的实用价值或者说有用性已被发觉和归纳。这主要表现为以下两个方面。

### （一）缓解了案多人少的办案现实

近年来，我国逐步推行的审判中心主义、认罪认罚从宽制度都有助于刑事速裁程序的落实和完善。当前，受员额制改革与立案门槛降低的影响，“案多人少”的压力普遍存在于基层人民法院，刑事审判程序的简化不足导致了案件积压情况严重。各级公检法机关在刑事诉讼领域发挥聪明才智，着力于探索多元化纠纷解决机制。由于人力资源配置的不足，法官的日常工作除了案件审判以外，庭外还需将大量的时间耗费在裁判文书的撰写和证据调查核实方面。随着信息化技术和人工智能的发展，不少法院引进了文书模板自动生成系统，这对于提高案件处理效率有着积极的意义。在当前的司法实践中，无论是刑事、民事抑或行政案件，只要案件性质比较轻微，控辩双方与被害人在审理过程中不存在实质性异议，大部分法官在撰写裁判文书时都会采用固定化的模板，以减少时间的耗费。在此基础上，对于适用速裁程序进行处理的轻微刑事案件，模板化的文书或自动生成系统更能减轻法官的业务负担，法官可以将更多的精力集中在案件审判上。而在审判流程简化方面，有部分观点认为，刑事速裁程序对法庭调查和法庭辩论的省略，违背了“审判中心主义”的诉讼改革方向。但是笔者认为，刑事速裁程序对庭审阶段的简化并非是无条件的简化，而是通过将诉讼资料要素式、表格化处理，在法院正式开庭审理前由侦查机关、检察机关和犯罪嫌疑人三方共同完成后，以此为基础进一步适用简化的刑事审理方式，使审判的焦点集中在被追诉人的刑事责任认定方面，这恰恰是现下强调的将刑事审判作为刑事诉讼中心之要求的应有之义。

### （二）弱化了刑事诉讼的负外部性

某一行为或决策对另一群人造成了影响则表明该行为或决策具有外部性，可根据其造成影响的好坏来决定该行为的正负外部性。显然，当行为人作出违法行为时，无论是对社会公众抑或被害人个体而言，都具有较大的负外部性，而且极大可能是成倍增长的负外部性；这也构成了打击犯罪的必要理论基础。然而，在打击犯罪同时，还需要注意的是，惩罚犯罪手段的运用，还可能为犯罪嫌疑人、被害人带来的诉讼内的负外部性，这也正是各国刑事诉讼制度在不断修订中固化人权保障的刑事诉讼目的和逐步关注犯罪嫌疑人、被告人的诉讼权利的原因。还需要注意的是，前述之负外部性还会表现在诉讼外方面，这一般是指因为涉嫌犯罪而使犯罪嫌疑人、被告人对社会活动发生消极效应，如与社会产生隔离。必须明确的是，打击犯罪的目的之一，是敦促犯罪行为人悔过与改正，同时使被害人能够得到法律的抚慰。在此背景下，若因打击犯罪使得犯罪行为人可以改过自新，所产生效应的正外部性大于负外部性，那么该打击犯罪的政策应为有效措施；否则需要改进和完善。在司法实践中，为了防止犯罪嫌疑人、被告人不在案或继续实行危害社会的行为，侦查机关、检察机关在审判阶段开始前可以对犯罪嫌疑人、被告人实行羁押。但羁押时间越久，会使犯罪嫌疑人、被告人隔离社会的时间越长，社会对其的评价也会越低。所以这种羁押应当符合必要性，否则不仅会造成羁押场所的压力，还会影响犯罪分子的矫正回归，造成得不偿失的后果。刑事速裁程序的设置，对于认罪认罚、主观态度良好的犯罪行为人，可以加快诉讼流程，使其能够尽快回归社会；这对于负外部性的弱化而言有着重要意义。

## 四、刑事速裁程序的自由价值

卢梭认为，人生而自由，但无不在枷锁之中。自由既是一个哲学范畴又是一个社会概念。从哲学上看，自由则是指人们对必然的认识和对客观世界的改造；从社会上看，自由是指人们的政治和法律自由，是各种权利义务的综合体。[①] 从

---

① 林道海：《论法的自由价值》，《政治与法律》2006 年第 5 期。

法理的角度来看，自由可以被认为是法实现的最终目标。因此在法治文明发达的现代社会，自由应当渗透在各个方面，即使是在刑事诉讼领域也不例外。这主要是因为，刑事诉讼制度所打击的对象，是犯罪行为，而非实行犯罪的个人。同时，现代刑事诉讼制度强调，任何人在未经法官审判之前都不得被认为是有罪。在此背景下，刑事诉讼所作用的对象，准确地说应当是涉嫌犯罪的人。这些人在被认定为罪犯之前，除非有法律的特殊规定，理当与无罪之人享有同样的权利；同时还会因为涉身刑事诉讼而享有法律专门规定的诉讼权利，以保证其自身的实体权利不受损害。这是实现公正、效率和实用三大价值的同时对现代法治强调的人权保障精神的坚守。犯罪嫌疑人对前述权利运用的自由，是法所称之自由在刑事诉讼领域的表现。

一般认为，刑事诉讼制度所规定的自由主要有两个方面：一方面，刑事诉讼制度的适用是为了保障社会公民的合法自由不受非法行为的损害；另一方面，刑事诉讼制度在运行过程中还需要关注涉嫌犯罪的被追诉人之自由。就后者而言，又可以被进一步分为两个层面：第一层面是指，如果有必要对被追诉人的实体权利进行限制的，所规定的限制不能超过必要的限度；第二层面是指，被追诉人的依法享有的诉讼权利应当是完整的。这种诉讼权利的完整性，不仅表现在立法不能允许任何情况下对被追诉人的辩护权、质证权和异议权等权利进行克减，还需要积极地创造条件满足当事人的选择权利。在此基础上，我国的刑事诉讼制度在完善的过程中实际上存在两个维度：一是丰富刑事诉讼的程序内容，二是优化刑事诉讼的权利内容。这两个维度均是以自由为最高价值的法和最重要内容的人权在刑事诉讼领域的表现。在当前轻微刑事案件频发的背景下，刑事简易程序的存在早已不能妥善处理公正与效率之间的关系；兼之刑事实体法早已存在“坦白从宽”的规定，涉嫌轻微刑事犯罪的被追诉人理应有权利以认罪认罚为条件，请求选择更为简化的程序处理相关的案件。这是被追诉人在刑事诉讼领域的自由之表现，同时也是刑事诉讼领域促进法之自由价值实现的方向；而刑事案件的快速处理，也是对社会公民合法自由维护的表现。人的权利应当受到司法与执法的尊重，人获得尊严和实现生命的价值是现代法治的最高价值最求，而自由则是尊严的价值的基础保证和重要表现。因此，自由价值可以被认为是现代社会最重要的法律价值之一。[①] 可见，自由价值的核心在于宣示自由

① 张建伟：《刑事司法：多元价值与制度配置》，人民法院出版社 2003 年版，第 7 页。

是人权保障的中心，刑事速裁程序中应当充分尊重被追诉人的诉讼主体地位。

## 第三节 刑事速裁程序的改革理念

### 一、轻微犯罪案件处理的司法需求

根据优化资源配置的原则，在固有资源的前提下，应该将重要资源运用在更有价值的地方。既然对刑事犯罪区别量刑，则对于重罪、轻罪和轻微犯罪的案件应有不同的处理方式。同时，在诉讼效率价值的主导下，兼顾案件质量，维护我国司法公信力更是轻微犯罪案件处理的现实需求。

#### （一）刑罚轻缓化的裁判现实

刑罚轻缓化是指在刑事立法上，只要能够达到惩戒的目的，对于犯罪分子的惩戒力度应当尽可能从轻；更加明确地说，即如果规定较轻的刑罚就能实现，就没必要规定较重的刑罚。这也是诉讼效率和司法资源配置的内在需求的外观化表现，主要包括：轻刑化、非刑罚化和非犯罪化。刑法对罪犯的惩罚最终落实在具体的刑罚种类和刑期上。我国法律也对刑罚的适用进行了区分，主要集中在五年以上、三年和三年以下（此处将管制、拘役等均纳入三年以下的范畴），一般将三年以下的刑罚称为“轻刑罚”。最高人民法院统计的数据显示：2016 年，我国被判处刑罚的有 1220645 人，而给予刑事处罚的有 1199603 人，其中被判处三年以下有期徒刑、管制、拘役等的有 1031878 人，占总生效判决人数的 80% 以上，也就是说我国刑事诉讼中 80% 的人或者案件有适用简易程序的资格；同时，被判处管制拘役等其他刑罚的人数又占到三年以下有期徒刑的 54% 以上，也就是说在轻罪中，对大部分的人进行了更为轻微的处罚。[①] 如此大批量的轻微案件，适用简易程序也不能尽显公平和效率，而引入刑事速裁程序则更有利于

---

① 《2016 年全国法院司法统计公报》，http://gongbao.court.gov.cn/Details/faccf2e3c1216069f9c87cd2dc535d.html。

刑事案件处理效率的提高。

### （二）诉讼爆炸下司法公信力的保障

鉴于我国社会转型期间存在的特有的人口、教育、就业等社会问题，以及法治社会在不断推进，人们越来越寻求更能保障权利、有公信力的方式解决人与人之间的争议，进而导致诉讼案件的大爆发。各地法官一年办案数量为 200 多件，更有甚者一年四五百件，如此大批量的案件如何保证办案质量，唯一的方法是案件分流。国家运用司法权保证司法的公信力和权威性，但是否能够为社会大众信服，最主要的还是社会人的满意程度和司法的质量。近年来，为推动我国司法健康发展，不少冤假错案进行了更正，在一段时间内势必会弱化司法公信力，但当错案予以更正、司法逐步踏入正轨以后，司法公信力将会大幅度提高，即所谓“不破不立”。那么我国在对轻微犯罪进行处理时，不能单纯只追求效率，更要追求质量。刑事速裁程序舍弃了一些诉讼程序，也有人质疑细节程序的舍弃将影响程序公正。前文中笔者曾说过，公信力实质上也表现为大众对结果的认可并自愿遵守这一结果。而刑事速裁程序足以启动的前提必须是行为人认罪且认可量刑，其自愿履行的意愿高，这实际上是通过对裁判的自愿服从弥补审判环节简化给司法权威可能造成的减损。若放任轻微犯罪适用普通程序，诉讼时间长和诉讼结果的相对不确定性，反而会影响司法的公信力。

### （三）犯罪概念调整的配置需要

罪刑法定原则所蕴含的“法无明文规定不为罪”之理念是我国犯罪概念厘定之标准。近年来，随着司法改革的不断推进，以往一些不规范的公权力处罚制度被逐步舍弃，以实现国家法治的文明与完善。其中，2013 年宣布废除劳动教养制度便是一大亮点。原先相关制度规定的处罚事由会被进行类型化处理后纳入法制轨道，与现阶段立法进行衔接；当中的一部分更会被分流到刑法规范之中，通过相应的罪名和刑罚引起规范。但从这些处罚事由的本身来看，一方面，其原先被确定为公权力处罚之对象，往往是因为相关违法行为本身具备一定的社会危害性，并且在一定程度上损害了法律意图维护的利益；但从另一方面来看，相关违法行为此前并未被纳入刑法规范的范畴之中，充分说明了其与原先刑法概念中的犯罪行为在严重程度方面存在明显不同。这实际上是从行为性质方面引起了犯罪概念的调整，进而导致刑罚门槛的降低；同时也意味着相关违法行为被纳入刑法规制的犯罪范畴后，绝大多数属于轻微刑事犯罪之列。而现行《刑事诉讼法》所规定的普通程序和简易程序的设置背景在犯罪概念调整之前。犯罪概念当前的调整导致了犯罪圈的扩大，而扩大的部分恰恰是原先不属于刑法规范的轻微刑事违法行为。对这类行为如果仍然坚持通过普通程序和简易程序进行处理，会挤占大量的司法资源，同时还会造成诉讼的迟延，不利于发挥刑事法律打击犯罪、保护人权的功能。而在简易程序的基础上进行再简化而成的速裁程序，则能够更好地适应司法资源在轻微犯罪处理方面的配置需求。

## 二、司法权力运行规律的应有之义

任何事物的运动均有其自身规律。国家宪法所设置的司法权力，从性质上看既有社会属性又有政治属性。但从其自身运行的必然性来看，则包括司法法治、中立、谦抑、公开、衡平和终局六个方面①。其中，司法法治规律强调的是权力、权利与程序的法定，它是司法权力运行规律的基础和关键，意味着司法权力的运行必须依据法律的规定开展。中立规律侧重对法官审判权力行使的强调，要求法官的裁判应当在独立、居中的态度下作出，不应当受到外界的干预。但笔者认为，中立还有另外一层含义，即要求检察官在行使审查起诉权时也应当不偏不倚。这看似与传统的控诉职能存在矛盾，但本质上并不相违背。司法权力的运行从根本上看是为了树立司法权威和保障公民的合法权利。尽管检察机关在刑事诉讼中代表国家对涉嫌犯罪的行为人进行追诉，在审查起诉过程中对证据的判断、事实的认定、法律的适用和起诉决定的作出方面存在一定的倾向，但从整体上看，检察机关对前述问题处理时仍然需要具备自己的独立评价，表现为检察机关并不会对所有公安机关移交或自行侦查的案件全部作出起诉决定。这实际上就是中立规律在审查起诉阶段的反映。谦抑规律可以被认为是刑事法律的特有规律，要求法院与检察院彼此之间保持谦抑，不能替代对方作出决定。需要注意的是，谦抑规律并不反对干预的存在；只是这种干预必须保持适度，不能过度。公开规律是指司法应当以看得见的方式运行，这样不仅能够保证结论的正义，还有利于取信社会、取信当事人。衡平规律建立在审判中心主义的建构下，强调控、辩、审三方形成的应当是一种“等边三角形”的结构，从而使法院

① 江国华：《司法规律性的六个方面》，《法制日报》2015年4月15日。

得出符合公平与效率的裁判。终局规律是指司法权力的运用不仅应当实现程序的终了，还应当实现实体问题的处理。

这六项规律是刑事诉讼程序设置与完善的根本动因，而正是这六项规律的相互作用，促成了速裁程序的出现和入法。首先，速裁程序设置最直接的目标，是刑事诉讼效率的提高。刑事诉讼制度对效率的要求，一方面来源于司法法治规律，另一方面则与衡平规律存在关联。司法法治规律对权力和权利的要求，不仅仅是要求法律应当对前述要素作出规定、提供依据，还要求法律应当积极地创造条件，保证前述要素能够顺利、快速地获得实现。失去效率的权力运行和权利实现，无法达到法律设置时所意图实现的最优目标。衡平规律在裁判结果方面同时提出公正与效率的要求，在一定程度上也表明了司法权力所希望实现的公正是一种有效率的公正，而不是通过成本耗费换来的公正。其次，速裁程序被立法确认的基本动因，除程序法定的司法法治规律外，还包括中立规律和谦抑规律。法律程序的运作必然需要以法之规定为基础，这是毫无疑问的。然而，这种运作对于诉讼程序的要求最重要的就是中立；在此基础上，进一步讨论刑事诉讼程序则，谦抑性同样不可忽略。中立规律的存在意味着一种权力与权利的对等；更直白地看，在犯罪嫌疑人、被告人自愿放弃一定的诉讼权利、进行认罪认罚的情况下，法官与检察官也应当存在适用期间较短的追诉程序，以满足犯罪嫌疑人、被告人尽快从刑事追诉程序中解放出来的愿望；这在法官审判和检察官审查起诉时皆应当有所反映。而谦抑规律的存在则影响了速裁程序的建构模式。从现行立法的规定来看，在当事人同意且认罪认罚的情况下，检察机关可以建议法院适用速裁程序；但法院是否适用速裁程序，取决于法官对案件的考量，而非必须接受检察机关的建议。最后，公开规律和终局规律同样对速裁程序的入法起到了促进的作用。公开规律对司法权力透明的要求表现为程序设置与适用应当具备明确的标准，这也是符合现实需要并且流程更为简化的速裁程序必须纳入刑事诉讼法律体系加以规范的原因。终局规律要求司法权力的运行在程序上和实体上必须具备明确的结果，这种结果在刑事追诉中也只能通过固定的程序加以实现。在既有的刑事审判流程不足以满足诉讼效率需要的情况下，更为简化的程序设置必须以立法的形式加以确定，实际上是公开规律、终局规律与其他四大规律互相作用的结果。

## 三、刑事司法观念更新的客观要求

观念是一种意识形态，司法观念是人们对司法这一社会现象的看法和见解的总和，不同的历史时期，有不同的司法观念。[①] 刑事司法观念是人们对刑事法律的思想认识，属于哲学上认识论的范畴，对事物的认识与社会意识形态的发展相关，并非一成不变。对于刑事司法的认识应结合我国的立法现状、充分考虑我国的国情后作出反映。

### （一）惩罚性向恢复性观念的转变

惩罚犯罪是刑法的目的，但惩罚的轻重程度却有所不同。对于触犯了刑法的犯罪行为人应当要进行惩戒，但在惩戒的同时还应当教育和挽救犯罪行为人，帮助其在受到惩戒和教育后，尽快回归到社会正轨。法国新社会防卫论的代表马克·安塞尔认为，合理地组织对犯罪的反应的关键在于，以人道主义的刑事政策为基础，承认犯罪人有复归社会的权利，社会有使犯罪人复归社会的义务，把犯罪人教育成为新人，使之复归社会。[②]

在社会经济和信息技术快速发展的今天，经济类和信息类的犯罪越来越多，近年来，我国关于打击金融犯罪和电信诈骗犯罪的司法解释陆续出台，就是为了适应这一犯罪新形态。从实践中发现，针对此类犯罪，公检法机关往往刑罚较轻，通常此类犯罪涉及人数众多，但经过侦查机关和检察机关的筛选以后，实际进入审判程序的只有为数不多的犯罪主要人员。同时，全球犯罪行为越来越趋向年轻化，近些年更有很多学者主张对未成年人犯罪的处理原则进行调整。基于此，对于未成年人犯罪，我国《刑事诉讼法》第二百六十六条规定，应当要以教育感化为主、惩罚为辅为原则。可见刑法谦抑性和恢复性司法观念在新型犯罪和未成年犯罪领域的适用。其实不仅仅是新型犯罪和未成年犯罪，对于其他犯罪在追诉标准和量刑标准上的扩大化，在刑事案件诉前阶段对犯罪嫌疑人选择适用强制措施过程中，加强羁押必要性审查、更加广泛地采用取保候审或监视居住等非羁押性措施，都体现了谦抑性和恢复性司法观念。

---

① 沈德咏：《树立现代刑事司法观念是正确实施刑事诉讼法的必由之路》，《人民法院报》2012 年 6 月 5 日。

② 陈兴良等：《合理地组织对犯罪的反应》，《金陵法律评论》2001 年第 2 期。

### （二）实体优先向两者并重的转变

美国学者戈尔丁认为，理想的正义是形式要素和实体要素之和。[①] 可见实体正义和程序正义两者并肩作用才能达到理想正义。受职权主义的诉讼模式和思维惯性影响，我国从刑事诉讼制度建构早期开始就强调诉讼的工具价值，认为“事实清楚”应当是诉讼活动开展的最终目标。这实际上是过多地关心实体结果正义，忽略了结果所依托之过程正当的重要性。然而，随着法治建设的不断完善，同时伴随着冤假错案被纠正，刑讯逼供、虚假证据等诉讼违法现象被逐步暴露，人们开始意识到程序并不是一个简单的活动框架，更是一个发现与纠正诉讼中的违法现象、规范诉讼中的权力行使的机制；程序正义能够以法律针对其运行中厘定的规则，为因为事实发现和法律适用而存在不确定性的实体正义提供有效的正当性支撑。同时，人权意识的觉醒，社会公众开始关注犯罪嫌疑人、被告人的合法权益；这既包括法律规定的诉讼权利的享有，还包括依赖于诉讼权利保障的实体权利。基于此，刑事司法理念开始了从实体优先向两者并重的转化。这一转变非常明显。在诉讼权利层面，非法证据排除规则、律师调查取证权等程序性权利越来越多地在诉讼实践中被运用。这有利于被追诉人、被害人权利的维护和司法公正的实现。而在诉讼层面，程序正义还表现为刑事案件处理的分流。在此背景下，速裁程序的设置可以说顺应了时代的潮流：一方面，速裁程序使促进实体正义实现的机制更为健全；另一方面，速裁程序使刑事诉讼效率得到了极大提升，无形中加快了刑事诉讼机制打击犯罪、保障人权的功能实现。

## 四、庭审实质化改革下的逻辑推演

党的十八届四中全会《中共中央关于全面推进依法治国若干重大问题的决定》指出，推动以审判为中心的诉讼制度改革之目标，在于确保法庭认定的案件事实和证据能够经得起历史的检验。这不仅需要保证法庭在查明事实、认定证据和最终裁判中的决定性作用，还需要强调法庭对当事人诉讼权利的保障。可以说，审判中心主义归根究底是要落实法庭审理的中心地位，实现庭审实质化。

---

① 沈德咏：《树立现代刑事司法观念是正确实施刑事诉讼法的必由之路》，《人民法院报》2012 年 6 月 5 日。

这也是司法权力运行的必然规律。

自 1996 年《刑事诉讼法》修改以来，推动庭审实质化一直是我国刑事司法改革的重要任务，我国刑事审判模式逐渐走向围绕控辩双方举证、质证的控辩式审判。2012 年《刑事诉讼法》通过完善证人、鉴定人出庭作证制度，确立非法证据排除规则来推进庭审实质化，由此确定了由卷宗中心主义到言辞审理的裁判模式。所谓直接言辞原则，是指法官亲自听取当事人双方、证人及其他诉讼参与人的当庭陈述，以及质证、辩论，在此基础上形成对案件事实的认定并依法作出相应的裁判，包括直接原则与言词原则两方面的内容。直接言辞，要求裁判者只能通过在法庭上亲自、直接获取的证据材料作为定案依据；言辞原则，要求当事人在法庭上以言辞表达的方式进行举证、质证和辩论。为了落实庭审实质化，我国审判机关从构建庭前会议制度、充实庭审调查、改进举证质证认证方式、细化庭审调查规则等方面推进相关改革。在此基础上，结合 2012 年的修正案颁布实施以来积累的经验，2017 年“三项规程”（《庭前会议规程》《排除非法证据规程》《法庭调查规程》）出台，并落实到法庭上，以进一步固定、规范“以审判为中心”改革的成果。“三项规程”就是解决“繁”的问题，即庭审实质化问题。显然，庭审实质化改革也是为了解决案件“繁”的问题。与之相对应，考虑到司法资源的有效性，我们有必要对刑事案件进行繁简分流。在全面深化司法体制改革的大背景下，案件分流机制改革是顺应改革趋势、遵循司法规律的必然趋势。对此，最高法和最高检在 2017 年 3 月发布的工作报告中，将刑事审判程序的繁简分流探索纳为其未来一年的重要工作方向。

按照现阶段的刑事诉讼制度来看，法院必须获得非常充足的司法资源，才能够支持庭审实质化的实现。然而，现阶段我国司法资源的有限性与人民日益增长的诉讼需求之间存在长期矛盾，司法机关无法负担起对所有刑事案件都进行实质化的法庭审理。这会直接诱发审判中心主义确立后，如何在司法实践中落实与推进的新问题。如何解决这一新问题，理论界与实务界已经达成共识，给出的方案就是构建刑事案件繁简分流机制，将符合条件的案件在审前消化处理，设计认罪协商机制，根据轻罪或重罪、认罪或不认罪、案情简单或复杂的情形，对进入刑事诉讼程序的案件采取不同的审判程序。2018 年，刑事速裁程序的正式入法，意味着我国的刑事诉讼体系中已经形成了“普通程序—简易程序—速裁程序”三级递减格局。刑事速裁程序既是我国庭审实质化改革下的逻辑推演，也是刑事程序繁简分流改革的必然要求。

# 第三章
# 刑事速裁程序的比较考察

从法社会学的角度看，比较法学的研究方法能够通过分析不同法律机制的区别，在结合不同国家的不同法律制度模式与法律文化传统的基础上，进一步认识与了解相关规制的制定、机制设置的基础与合理性，从而提炼出可供参考与借鉴的经验。纵观域外的刑事诉讼程序规定，刑事速裁程序的设置十分常见。刑事速裁程序设置的目的不纯粹是为了提高司法资源的有效利用，更是意图通过司法程序的简化更好地实现惩戒犯罪、保障人权的制度价值。因此司法制度发达的国家和地区一般会有着完善的刑事速裁制度，针对不同地区、不同社会法治需求，建立了不同类型的刑事快速判决程序，客观上致使刑事速裁程序呈现出多样化的特点。据此，本书在两大法系界分之基础上，对当前具备代表性的刑事速裁程序规定进行考察，以更好地提炼出值得我国参考与借鉴的做法。

## 第一节　英美法系的刑事速裁程序

从刑事程序传统和判例中不难发现，英美法系国家的立法和司法十分强调对“正当程序”和“人权保障”等宪法性要求的实现，“刑事诉讼原则宪法化”已成为美国刑事诉讼规则的最突出特征。然而，对这一理想状态的追求难免会使刑事诉讼程序陷于繁杂与迟延，反而使效果与目标渐行渐远。为了妥善处理程序公正与效率的关系，充分发挥刑事诉讼对人权保障的效用，英美法系国家创设了一系列简化、迅速的刑事案件处理方式，以使轻罪嫌疑人免于因普通刑事程序之冗杂而在客观上承受过重的惩罚，形成罪、责、刑不相当的状态。

### 一、美国：以控辩协商为适用重心的速裁程序

美国的刑事速裁程序由辩诉交易程序和刑事简易程序两者构成，其中刑事

简易程序还能够进一步分为快速审判程序和认罪处刑程序。美国的“人权保障”理念可以被奉为美国法律制度的“帝王条款”，在刑事诉讼制度建构中也不例外。程序的简化必然导致当事人权利的相应减损，因此必须以当事人的自愿意志为前提，故法律对当事人意愿的重视贯穿美国刑事速裁程序的始终，以实现对当事人合法权利的维护。

### （一）辩诉交易程序

美国辩诉交易程序的最早记载可溯至1749年[①]，指被告人所作出的有罪答辩是基于获取政府方面提出的合理对价期望。[②]辩诉交易程序的运行极大地提高了美国的刑事诉讼效率，因此成为美国刑事诉讼规则中最著名的亮点，并在近年来为意大利、德国、日本等大陆法系国家所广泛借鉴。但同时，辩诉交易程序也因其具体运行的独特性从诞生伊始便处于毁誉参半的状态。正如罗伯特·E.司格特和威廉姆·J.斯汤兹所说，在美国司法实践中，大多数案件随意的处理方式似乎都是令人反感的：在检察官办公室或法庭走廊，在没有证人的情况下，只有熟悉案件基本情况的代理人在简短的谈话后，将交易计划出售给被告人和法官。[③]这可以被认为是迄今为止对辩诉交易程序最直观的理解。

在辩诉交易程序的适用方面，除明确禁止法官参加辩诉交易讨论外，《联邦刑事诉讼规则》及最高法院的判例只对保障被告人在辩诉交易中的权利进行了强调，再无更多的限制。这实际上意味着在联邦法院系统所处理的案件，不论案件的类型与诉讼所处之阶段，有关定罪和量刑的问题都可以适用辩诉交易程序。实践中，联邦法院系统以辩诉交易结案的案件数量可以达到95%。[④]而各州的刑事诉讼制度则对辩诉交易程序有着大不相同的接纳程度。大多数州的处理方式与《联邦刑事诉讼规则》所规定的一样，对于辩诉交易程序的适用案件、适用阶段及适用内容不作特殊的限制，甚至允许法官参与协商；较少数州或是彻底禁止辩诉交易，或是一定程度地限制辩诉交易适用的案件类型或适用的诉讼阶段。但实际上，即使是在立法持克制或反对的州的刑事诉讼实践中，辩诉交易

---

① See Douglas D. guidorizzi, should we really “ban” plea bargaining? The core concerns of plea bargaining critics, emory law journal(47, 1998).

② Saltzburg, Stephen A, Daniel J. Capra, American Criminal Procedure (cases and commentary), West Publishing Co. 4th. ed. p. 790.

③ [美]罗伯特·E.司格特、威廉姆·J. 斯汤兹：《作为合同的辩诉交易》，载江礼华、杨程：《外国刑事诉讼制度微探》，法律出版社2000年版，第272页。

④ 艾静：《我国刑事简易程序的改革与完善》，法律出版社2013年版，第59页。

依然是普遍存在的。[①]

在具体方式上，辩诉交易的程序主体是检察官与辩护律师；被告在没有聘请辩护律师或放弃律师辩护时，被告也能成为辩诉交易的程序主体，与检察官直接交易。特别是检察官认为可以进行辩诉交易的情况下，向被告人或其辩护律师提出认罪协议，被告人或其辩护律师考虑是否接受或者与检察官进行“议价”博弈。近年来，法官和被害人往往成为辩诉交易的主体；一些州甚至规定，为保护被害人在刑事诉讼中的主体地位，应在被害人同意的情况下进行辩诉交易。[②]在这个过程中，检察官会在量刑、罪轻及罪数等方面作出必要的让步，以换取被告人向法官作出有罪答辩；被告人一旦拒绝认罪，辩诉交易程序则无法进行。不难发现，检察官在辩诉交易中的活动都是以被告人的认罪为中心的；而辩护人或者被告人在辩诉交易中的一切活动，也主要是围绕检察官的让步展开的。[③]可见，尽管辩诉交易的适用及协议由检察官提出，但被告人才是辩诉交易程序推进的关键。

在权利保障方面，由于辩诉交易的发生意味着被告人选择认罪，其原先依据宪法所享有的包括陪审团审判、不得自证其罪等诉讼权利视为自动放弃，因而需要通过特别强调被告人依法享有且未曾放弃的程序性权利，包括但不限于获得律师帮助、知悉指控证据、程序选择、证据排除规则保护与保留上诉权等由《联邦刑事诉讼规则》及最高法院判例规定或确认的基本权利，甚至规定在有必要的情况下，法院应当为被告人指定律师代理，以保证被告人所作出的认罪是在其信息对等与理智思考的情况下的自愿选择。根据《联邦刑事诉讼规则》第11条（a）规定，作有条件答辩或不与争辩答辩的被告人可以通过书面的形式保留上诉的权利，上诉成功后被告人先前所作之答辩应当被允许撤回；第11条（c）规定，法院在被告人接受有罪答辩或不予争辩的答辩前应当与之对话，告知当事人并确认当事人理解罪状认否可能导致的法律后果；第16条规定，检察官向被告人提出请求时，应当公开被告人陈述的证据、以前的记录、文件、实物、检查和实验报告。[④]此外，根据最高法院的判例，法院有权对辩诉协议进行司法审查，保证被告人的有罪答辩是在公开、自愿、明知与有相关事实基础的前

① [美]爱伦·豪切斯泰勒·斯黛丽、[美]南希·弗兰克著，陈卫东、徐美君译：《美国刑事法院诉讼程序》，中国人民大学出版社2002年版，第437页。

② 宋英辉、李哲：《辩诉交易制度之评价与思考》，载陈光中：《辩诉交易在中国》，中国检察出版社2003年版，第228页。

③ 左卫民等：《简易刑事程序研究》，法律出版社2005年版，第57~58页。

④ 左卫民等：《简易刑事程序研究》，法律出版社2005年版，第58页。

提下作出，从而保障程序的有效性与被告人的合法权益。

### （二）刑事简易程序

美国的刑事简易程序是对其快速审判程序和认罪处刑程序的统称。其中，快速审判程序也称为轻微罪简便程序，是指美国《刑法》第 3401 条规定的剥夺自由刑期在 1 年以下的轻罪、轻微案件和申诉案件，在被告人书面同意后，由法官简易审理并立即作出裁判的程序。[①] 认罪处刑程序，是指被告人在检察官提出公诉后、刑事庭审开始前的传讯阶段，或刑事庭审开始后、陪审团对犯罪事实作出认定前，被告人在知晓相关的诉讼权利和行为后果的基础上，自愿作出有罪答辩，以谋求案件的迅速审结。尽管两者在适用范围与具体方式上有所区别，但无碍在适用中均必须遵循“被告人同意”这一前提。

美国的《联邦刑事诉讼规则》与各州对快速审判程序的规定较为统一，对于境内的属于微罪的案件，允许由警察直接起诉；轻罪案件的起诉由检察官负责。起诉方式也更为便宜，除大陪审团与检察官的起诉书外，检察官的控告书甚至传票和违法通知书均可成为快速审判程序的启动文书。同时，被告人的认罪方式与出庭方式也十分灵活，不仅允许其以书面的形式进行答辩，对于轻微罪行案件还允许被告人交付确定的金钱以替代出庭和同意终结诉讼。而在被告人的权利保障层面，由于快速审判程序的适用会导致被告人指定律师、陪审团审判及进行预审等权利的排除，因此法律要求法官在当事人答辩前必须公开在法庭上确认当事人之答辩基于其自愿；除被告人作出无罪答辩外，法院还应当为被告人提供量刑听证的机会，以保证快速审判程序的公正与效率。

相比之下，认罪处刑程序则呈现出多样化的状态。首先，从适用的范围上看，认罪处刑程序并不排除对自诉案件和辩诉交易失败案件的适用，因此在美国具有广泛的适用范围。其次，被告人之答辩不限于认罪答辩，还可以作无罪答辩或不予争辩答辩。需要注意的是，美国《联邦刑事诉讼规则》不排斥被告人在法官和检察官的允许下作有条件答辩，即书面保留上诉权的答辩。当上诉成功时，法官允许被告人撤回有罪答辩。被告人作不予争辩的答辩的，法官必须就包括犯罪指控性质、法定处刑幅度、法官量刑准则、获得律师帮助权利、质证权、反对自我归罪、法官接受有罪答辩后将不作事实认定等问题在公开庭审时向当

① 王国枢、项振华：《中外刑事诉讼简易程序及比较》，《中国法学》1999 年第 3 期。

事人进行说明。在权利保障方面，该程序的适用必须以法官确认被告人自愿为前提。法官接受被告有罪或无争议答辩后宣告被告有罪的，需要在一个月内进行量刑听证，在确定量刑后公开量刑结果。被告人有权提起上诉，但是无权对自认事实提起上诉。[①] 需要明确的是，认罪处刑程序与辩诉交易程序、快速审判有着本质的区别：辩诉交易程序与快速审判程序有其本身适用的范围与规定，具有较强的独立性；而认罪处刑程序实际上是普通刑事审判程序的前置附加程序，其存在的目的是为了降低庭审对抗程度与简化审判流程，具有较强的依附性，属于正式庭审程序的有机组成。

## 二、英国：以正当性为建构原则的速裁程序

作为英美法系中法律制度传统且深远的国家，与美国相比，英国的法律制度建构更加重视对“正当程序”的强调，并且力求通过全面完善程序建构与设置，促进诉讼效率的提高。一般认为，在程序建构中强调正当性，实际上是为了限制公权力非理性选择的恣意。[②] 英国的刑事速裁程序体系建构恰恰是以此为原则的。现阶段英国主要的刑事速裁程序有通过设置具备审判性质的认罪处刑程序和发生于审判阶段之前的警察警告程序两种。其中警察警告程序可以被认为是英国刑事速裁制度的特色，在侦查阶段便实现了对轻微刑事案件的分流，在让行为人得到应有之制裁的同时，也解除了轻微犯罪行为对刑事诉讼司法资源的占用，对于平衡公正与效率的关系有着积极的影响。

### （一）认罪处刑程序

英国的认罪处刑程序最早始于 17 世纪[③]，可以被认为是世界范围内最早出现的刑事速裁程序。然而，由于当时对被告人诉讼权利的忽视，辩护律师在刑事庭审中并没有较大的参与空间，陪审团对个案的审理平均时间不过 30 分钟[④]，因此简易程序并没有在司法实践中发挥效率提升的效用。但随着当事人主义诉讼模式的进一步发展，被告人的诉讼权利逐渐得到了重视与保障，辩护律师参与

---

① 马贵翔：《刑事简易程序概念的展开》，中国检察出版社 2006 年版，第 442 页。

② 孙笑侠：《程序的法理（第 2 版）》，社会科学文献出版社 2017 年版，第 33 页。

③ Mathew Hale，The History of the Pleas of the Crown 225，E. and R. Nutt，R. Gosling，1736 .

④ John H. Langbein，The Origins of Adversary Criminal Trial 16—17，Oxford University Press，2003 .

制度与交叉询问规则日趋成熟，刑事案件的平均审理时间被不断延长，英国法院迫切需要一种速裁机制帮助缓解刑事案件处理压力与陪审团审理耗时之间的紧张关系。在这种情况下，认罪处刑程序再一次登上了英国司法制度的舞台。

英国将犯罪区分为简易罪和可诉罪两类，其中简易罪的审判机关为治安法院，可诉罪的审判机关为刑事法院。① 认罪处刑程序在两类案件的审理中均可适用。需要注意的是，无论在何种案件审理中，英国的认罪处刑程序能否启动，取决于被告人对相关犯罪的答辩情况：被告人只有在作出无条件认罪答辩的条件下，认罪处刑程序才能予以适用。

治安法院适用认罪处刑程序主要为处理大量判处六个月监禁或罚金以下的犯罪。在具体程序上，治安法院需要先对出庭被告人进行答辩听证，确认被告人对被指控罪名无条件认罪；被告人拒绝无条件认罪答辩的，视其答辩情况适用普通治安法院审理程序或辩诉交易程序。对于进行无条件认罪的被告人，治安法官可以直接启动量刑程序对案件予以裁判。被告人在案件审理后只能够针对量刑部分提出上诉，否则刑事法院会将案件以“被告人作出无罪答辩”发回重审。对作出认罪答辩的被告人，法院在量刑时可以予以酌情折减。在权利保障方面，根据英国 2015 年颁发的《刑事诉讼规则和刑事实践指南》之规定，已经向治安法院作有罪答辩的被告人在量刑之前可以书面请求撤回其在先的认罪答辩，法官有对申请时间、申请形式和申请理由进行审查并作出最终裁量的权力。同时，根据《1980 年治安法院法》第 12 条的规定，十六周岁以上的被告人若是就不超过三个月监禁刑的简易罪作有罪答辩的，可用书面形式作出；治安法官对此有接受与不接受的权力。此外，根据英国的司法实践，在治安法院的答辩听证中，被告人作出“模棱两可的答辩”或以沉默拒绝答辩的，一概被视为被告人作出了无罪答辩，案件应当通过正式的审判程序进行审理。②

刑事法院认罪处刑程序的适用对象则是除简易罪外的所有可诉罪案件。在具体程序上，被告人在案件管理阶段的答辩听证中可以以认罪答辩获得较为优惠的量刑。③ 依照英国的法律，在刑事法院审理的案件，有罪答辩必须由被告人本人自愿作出，无罪答辩则不受此限。被告人作“模棱两可的答辩”的，法院不得认为相关答辩为有罪答辩。被告人选择作有罪答辩的，该案件无须再组成陪

---

① 程味秋：《程味秋文集：中外刑事诉讼比较与借鉴》，中国法制出版社 2001 年版，第 277 页。

② John Sprack, A Practical Approach to Criminal Procedure 117, 14th ed., Oxford University Press, 2012.

③ 郑曦：《英国被告人认罪制度研究》，《比较法研究》2016 年第 4 期。

审团进行审理，法官仅需就被告人自己作出的罪行陈述和控方提出的证据材料进行核查，随后即可进入量刑阶段；被告人或其律师则主要针对量刑向法院提出意见。在权利保障方面，被告人可以在答辩前书面请求法院告知其作出认罪答辩可能判处的最高刑罚，同时需要提供检察官对其认罪答辩的同意意见。① 另外，英国法律允许被告人在法定情况下对其答辩作出变更：对于先作出无罪答辩后改为认罪答辩的，被告人可以在任何审判阶段提出；对于先作出认罪答辩后改为无罪答辩的，则需由法官根据案件情况决定是否同意。② 值得一提的是，英国上诉法院在 1985 年 Hollington 一案中正式确立了法院可以根据被告人的认罪时间和阶段给予不同的量刑折扣的“逐级量刑原则”。受此影响，英国在后续的司法实践中对“逐级量刑原则”进行了大量的尝试，形成了规范、细致的扣减操作体系，并在 2007 年修改《认罪答辩量刑减免规定》时以明文形式正式固定了“逐级量刑原则”。

### （二）警察警告程序

警察警告程序是英美法系国家常用的侦查阶段分流案件的制度，其中以英国的最为典型。英国的法律不仅赋予了警察独立的侦查权，还允许其对轻微犯罪的行为人实施警告或告诫，以代替移交起诉。1985 年，英国内政部颁布了第 14 号通告，鼓励警察更多地通过警告程序处理轻微刑事案件；随后，为了控制警察权力，避免造成司法放纵犯罪的现象，1990 年内政部 59 号文提高警告程序的适用标准，又在 2013 年司法改革中对程序适用次数进行了限制，规定对于惯犯不得在两年内适用多于一次的警告制度，从而使警察警告制度更加规范，但客观上也增加了司法部门处理刑事犯罪的压力。英国当前的警告制度主要分为正式警告和非正式警告两种。正式警告是指对于犯罪行为可以被提起刑事诉讼的被告人，警察暂时不对其犯罪行为进行追诉而只进行警告，有关警告记录以犯罪记录的形式保留数年，并可以作为后续追诉法官定罪量刑的依据；非正式警告在不符合适用正式警告的情形下使用。

根据法律的规定，警察使用警察程序需要符合以下标准：第一，有证据证明犯罪行为确实发生，并且能够适用有罪判决；第二，犯罪行为社会危害性较小，不属于重罪范畴；第三，行为人认罪态度良好；第四，行为人明确同意接受警察

---

① 郑曦：《英国被告人认罪制度研究》，《比较法研究》2016 年第 4 期。

② 郑曦：《英国被告人认罪制度研究》，《比较法研究》2016 年第 4 期。

警告；第五，警察已经向其释明警告程序适用的意义。对于适用警告程序而免于起诉的案件，警察仍然需要做书面记录，并在行为人后续可能发生的诉讼中作为证据向法官提交。

## 第二节　大陆法系的刑事速裁程序

尽管大陆法系的刑事诉讼制度同样强调程序正当的实现，但与英美法系相比，大陆法系的刑事诉讼程序建构更重视对法官、检察官职权的强调，对宪法人权的保障也主要是通过规范法官、检察官在刑事诉讼活动中的行为来实现。可以说，国家司法权力是大陆法系刑事诉讼制度的核心。这是由大陆法系一贯推崇的“查明真相与维护正义”的刑事诉讼活动规律所决定的；在大陆法系国家的刑事速裁程序建构中也不会例外。然而，随着人权保障理念的全球化蔓延，大陆法系的国家越来越意识到，立法允许当事人拥有一定的选择权，不仅能够使刑事诉讼制度更好地响应宪法对人权保护的要求，还在某种程度上能够使刑事诉讼环节的简化更具正当性。基于此，不少国家在职权主义诉讼模式的内核基础上，开始作出不同的尝试，并在这个过程中形成了不同类型的刑事速裁制度，值得进一步研究与讨论。

### 一、德国：以公权力为启动核心的速裁程序

作为职权主义诉讼模式的典型代表，德国尤为注重发挥司法公权力的发现真实之作用，这其中既包括法官效用的发挥，也包括检察官权力的行使，无论是在普通程序抑或简易程序中都不例外。因此，可以认为绝对的公权力主导启动是德国刑事速裁程序区别于大陆法系其他国家的显著特征。德国刑事诉讼制度中可以被认为具备速裁特点的程序主要有不起诉程序、处罚令程序和简易程序三种，基本上与现阶段理论上定义为德国刑事简易程序的范畴实现了完全覆盖。近年来，受“人权保障优位”与“协商性司法”理念的影响，当事人在刑事

诉讼中的地位逐渐受到重视，被赋予了通过异议程序结果以拒绝程序适用的权力。但这种异议本质上属于当事人对程序结果问题的救济，与正式审判程序下的上诉、再审申请等功能相似，并没有从根本上影响到法官和检察官对刑事速裁程序启动的主导能力。

### （一）不起诉程序

“刑事程序的真正功能在于发现事实真相”和“所有犯罪行为都应当得到查清与惩罚”是德国刑事诉讼制度的两个基本假设。故在20世纪60年代之前，德国实行起诉法定主义，犯罪嫌疑人一旦满足立法所规定的起诉要件，检察官都必须起诉，非法定原因不得例外。魏玛共和国时期，检察署和法院案件的大量积压，促使德国放弃传统的观念，转而通过司法改革扩大检察官的起诉裁量权，规定对轻微案件不必须以刑法手段进行追诉，以更好地缓解办案压力。这是对起诉法定主义的重大修正。1975年，《刑事诉讼法》的修正进一步扩大了起诉便宜主义的适用范围，增设了暂缓起诉制度，允许对同意进行赔偿公益给付和承担一定义务的被告人作出暂缓起诉的决定；1999年，德国司法改革进一步扩大了暂缓起诉的适用情形，适用于愿意承担犯罪补偿和参加交通讲习课程的被告人。至此，情节轻微不起诉和附条件不起诉的两种不起诉程序类型正式为德国刑事诉讼制度所认可。前者主要是由于罪行显著轻微，经法院同意可以不予追诉；后者则是适用于被判处一年以下监禁刑或应处罚金刑的犯罪，由检察官视情况裁量是否起诉。但区别于其他法院的事后审查，德国的附条件不起诉程序还需要事先征得法院的同意，这成了德国不起诉程序的最大亮点。

这种特殊情况的出现，主要是因为德国的刑事诉讼制度在正式审判程序之前，另行设置了一道特殊的中间程序。在附条件不起诉程序中，检察官需要先向对案件有管辖权的法院提交起诉书和卷宗，被告人可以就证据提出异议或申请调查；法官还可以补充侦查。进入中间程序后，案件情况的审查由专门的裁定法庭负责，并就是否开始审判作出裁定。法庭审查后，认为被告人有足够的嫌疑时，即裁定开始审判程序；认为当事人可能会判无罪的，或被告人与检察官均同意的，或被告人出现暂时性障碍的，即裁定诉讼中止。[①] 而对于已经开庭审判的案件，在法院最后一次审判终结前，法院均在检察院和被告人同意的情况下，通

---

① 汪建成、甄贞：《外国刑事诉讼第一审程序研究》，法律出版社2006年版，第148页。

过中止审判以附条件不起诉的方式处理。在权利保障方面，首先，在此前程序中，被告人没有辩护人的，法官应当为其指定辩护人。其次，法律赋予了被害人获得不起诉通知书和申请强制起诉的权利，通过向检察机关提出抗告或向法院申请裁判等方式撤销暂缓起诉，维护自身的合法权益。最后，检察系统内部可以监督附条件不起诉程序的适用，以制约检察官的起诉裁量权，避免附条件不起诉程序成为司法腐败的温床。

### （二）处罚令程序

德国的处罚令程序，是指对于轻罪，法官或陪审法庭可以在检察院书面申请后，通过书面处罚令确定未经审判的法律处罚程序。[①] 处罚令程序在德国有着悠久的历史，其正式为德国立法所确认始于 1879 年，《刑事诉讼法典》以专编的形式确认了处罚令程序的法律地位。然而，此时的处罚令程序起到的仅仅是一种轻罪分流的效用，毫无协商性司法的色彩。“二战”后，《刑事诉讼法典》吸纳了协商性司法的理念，新增了第 153 条（a），赋予了检察院对轻罪案件的起诉裁量权，并通过《减轻司法负担法》及《司法现代法》等一系列法律的颁布，规范与拓展了处罚令程序的适用范围。

由于制度的简洁、高效与完备，目前德国一半以上的刑事案件都是以处罚令程序结案。从立法上看，德国的处罚令程序在适用上有如下特点：第一，处罚令程序只能由地方法院适用，但不限于独任庭，合议庭也同样可以使用；第二，对于被告人涉嫌之犯罪，依刑法规定最高刑在一年以下自由刑或单处以罚金的轻罪类别的[②]，检察官根据侦查结果认为案件事实清楚、证据充分时，认为确无审判之必要，可以向法官提出签发处罚令的申请；第三，法官在对卷宗及量刑意见进行审查后，决定发布处刑命令的，可以省略对被告人的讯问等庭审程序，只需对案件进行书面审理即可；第四，法官原则上不能签发自由刑的实刑，但能签发以罚金或者不同的从刑、从属效果的处罚，只有在被告人有辩护律师的情况下可以判处一年以下的自由刑缓刑；第五，被告人未成年的，不能适用处罚令程序；第六，处罚令应当向被告人或其法定代理人送达。[③]

在权利的保障与救济方面，德国《刑事诉讼法》赋予了被告人拒绝接受处罚

---

① 左卫民等：《简易刑事程序研究》，法律出版社 2005 年版，第 27 页。

② 徐久生、庄敬华译：《德国刑法典》，中国法制出版社 2000 年版，第 8 页。

③ 左卫民等：《简易刑事程序研究》，法律出版社 2005 年版，第 40 页。

令的权利。在法官发布处刑命令后，被告人在两周内提出异议的，案件应当移送法庭进行正式审判。[①] 可知该程序中，被告人无权左右处罚令程序的适用，但可以通过拒绝处罚令的处刑来终止处罚令程序和启动正式审判；被告人还能够在正式审判判决作出之前撤回异议，恢复处罚令的效力。另外，因被告人拒绝处罚令而启动的正式审判程序允许缺席审理方式的适用，被告人本人可以在委托律师的情况下不出席法庭接受审判；法院在认为有必要时可以强制被告人或其律师出庭；拒不出庭的，视为撤回对处罚令的异议。[②]

### （三）简易程序

德国的简易程序，是指对于检察官申请、案情简单或者证据清楚且可能判处一年以下监禁或者剥夺驾驶权，并适宜立即审理的案件[③]，法官简化庭审的程序。在德国，刑事案件的审理往往需要经历初步庭审阶段。简易程序的本质实际上是对普通庭审程序的简化，这种简化实践中一般表现为：第一，庭审调查的简化；第二，甫经庭审即行裁判；第三，直接审判。这种程序的适用在一般情况下只需要检察官向法院提出申请即可，无需经过被告人的同意；被告人对简易程序的适用也无权提出异议。

简易程序为德国《刑事诉讼法》所接纳始于1924年的艾明格改革，由于协商性司法理念的渗入，检察官在此次司法改革中被赋予了较大的裁量权。“二战”后，多次法律修缮实现了刑事司法程序的全面简化。当前的德式简易程序是由1994年《抗制犯罪法》所重构，随后《刑事诉讼法》第417条至第420条对简易程序进行了规范[④]。根据德国立法规定：第一，简易程序限地方法院适用[⑤]；第二，简易程序的适用需要由检察官向法官以书面或口头的形式作出申请，但无须征求被告人的意见；第三，案件应当事实清楚，证据充分，有立即进行审理和裁判的可能；第四，被告人必须是成年人；第五，法官从形式上审查检察官提出的申请，认为案件具备立法上规定的该程序之适用条件的，无需单独作出开启审判程序的裁定；第六，对被告人适用的刑罚只能是一年以下的自由刑和剥夺驾驶权。

---

① 艾静：《我国刑事简易程序的改革与完善》，法律出版社2013年版，第40页。
② 左卫民等：《简易刑事程序研究》，法律出版社2005年版，第31页。
③ 陈卫东：《刑事诉讼法资料汇编》，法律出版社2005年版，第499页。
④ [德]克劳思·罗科信著，吴丽琪译：《刑事诉讼法（第24版）》，法律出版社2003年版，第640页。
⑤ 艾静：《我国刑事简易程序的改革与完善》，法律出版社2013年版，第47页。

在权利保障方面，地方法院适用简易程序审判案件，法官应当为预计可能会被判处剥夺自由刑至少六个月的无辩护人的被告人指定辩护人。[①] 在权力制约方面，法官如果认为案件不具备适用简易程序的条件的，可以在判决宣布前随时作出拒绝适用简易程序的裁定，但检察官无需重新提交起诉书。在与处罚令程序的关系方面，同一案件既可以适用处罚令程序又可以适用简易程序的，应当优先适用处罚令程序，由检察官在庭审中口头提出即可。[②]

## 二、日本：以精密监督为建构主旨的速裁程序

日本的诉讼制度承袭于德国，因此具有浓厚的职权主义特征。然而，和德国相比，日本的刑事诉讼制度在发展与完善过程中更为广泛地吸收了人权保障的理念，表现在具体的程序制约中增添了许多当事人意志因素，通过其制约法官、检察官在刑事诉讼中的权力。日本的刑事速裁程序包括微罪处分、简易公审、起诉犹豫和简易命令四种类型，其中以起诉犹豫程序诞生最早，随后逐步衍生出其他三种程序。这四种程序的共同之处在于对正式、烦琐的庭审环节的抛弃；即使是在正式庭审程序的基础上进行省略而设置的简易公审程序，也比理论界传统定义的简易程序更为省略。同时，为了避免速裁程序对普通程序的过度简化导致刑事诉讼活动的正当性遭受质疑，日本刑事诉讼立法在推动速裁程序发展的过程中还十分注重程序监督规则的设置，从而保证案件适用速裁程序所得之结果能够经受得起司法公正的考验，这也构成了日本刑事速裁体系区别于他国的重要特色。可见，日本在刑事速裁程序设置中十分重视妥善处理公正与效率的关系。

### （一）微罪处分程序

日本的微罪处分程序创设于明治时期，源自于“微罪不拘捕、微罪不起诉”的方针，并在 1922 年被日本《刑事诉讼法》所吸收，沿用至今。微罪处分程序的诞生主要源于当时日本司法资源极为有限的社会状况，国家无法负担大量的刑事案件处理费用，因而需要通过轻微刑事案件的分流来缓解司法财政的压

① 李昌珂译：《德国刑事诉讼法典》，中国政法大学出版社 1995 年版，第 4 页。
② 《关于适用刑事诉讼法第 417 条规定的快速程序的指导意见》1998 年版，第 686 页。

力。客观上，微罪处分程序还充分体现了对当事人人权的保护和尊重，不仅有利于轻微犯罪行为人的社会复归，还兼顾了被告人的利益修复，体现了“能够通过社会来解决的犯罪可以作非刑罚化处理”[①]的人道理念，得到了日本社会各界的支持，同时也对大陆法系的许多国家和地区产生了影响。

日本的微罪处分程序的依据源于其《刑事诉讼法》第246条中的但书，即检察官指定的案件无需移送检察署；而日本《犯罪侦查规范》第198条则明确了具体的指定范围由各地检察署的检察长作出。这实际上表明了日本警察微罪处分的权力缘于检察机关的授予。根据法律的规定，该程序主要适用于以下三类案件：第一，犯罪金额微小且情节轻微，犯罪人事后主动归还财物并且得到了被害人谅解的盗窃案件；第二，情节轻微的赌博案件；第三，检察长特别指定的其他案件。此外，法律还特别规定了以下五种情形不得进行微罪处分：第一，犯罪嫌疑人被逮捕且有拘禁之必要；第二，存在告诉、检举或自首情形的；第三，依法应当提起公诉的；第四，检察官要求移送的案件；第五，少年犯案件应当由家庭裁判所处理。在具体程序上，警察决定适用微罪处分程序的，应当终止侦查，同时需要对行为人进行训诫或警告，告知其监护人、雇主或其他监督人在此后监护中需要注意的必要事项，并要求其制作保证书。对于被害人因犯罪行为已受损之利益，警察有必要责令行为人对被害人赔偿损失、赔礼道歉或采取相应的补救措施。对于适用微罪处分程序的案件，警察应当在犯罪案件处理簿中予以记载，并按月以报告书向检察官进行报告；除检察官认为应当移送的案件外，侦查机构得作出终结处理的决定。

### （二）简易公审程序

日本的简易公审程序，是指在检察官宣读起诉书后，被告人作有罪答辩，法院在听取各方意见基础上，依照简化的庭审程序作出判决。[②]简易公审程序始设于1953年日本《刑事诉讼法》修订版。这主要是考虑到在被告人认罪的情况下，如仍按照正式庭审程序推进难免过于赘余，通过简易公审程序能够简化庭审中不必要的阶段，从而提高诉讼效率。简易公审程序的适用由法院决定，不以检察官、被告人与其辩护律师的同意为前提。在地方法院的司法实践中，接近

① 辛素、秦文超：《日本微罪处分制度及其借鉴意义》，《预防青少年犯罪研究》2012年第2期。
② 郑丽萍：《域外简易程序考察和评析》，《社会科学战线》2014年第3期。

10% 的案件会适用简易公审程序处理。①

根据法律的规定，日本简易公审程序一般仅适用于最低刑期在一年以上的监禁或惩役犯罪以外的轻微刑事案件。② 在日本的刑事程序中，开头程序是简易程序启动的关键节点。被告人在开头程序中自愿作出有罪陈述的，法官在听取控辩双方意见后，可以当场决定是否启动简易公审程序。适用简易公审的案件的特点，最显著的就是证据调查阶段的简化或省略，法官只需要通过其认为适当的方式调查与认定证据即可，不受检察官在庭审中证据调查的范围和方法所限。同时，简易公审程序承认传闻证据的证据能力，允许法官采纳非当庭作出之证词，避免对被告人以承认之事实反复论证。另外，法官在该程序下所作的判决书允许直接引用公审笔录中记载的证据目录。③ 需要注意的是，法官在开头程序中认为案件审理不应当适用简易公审程序的，在后续的审理中即使发现案件实质上满足适用简易公审程序的法定条件的，也不得进行程序转换；但在适用简易公审程序审理案件的过程中，法官认为有必要通过正式程序进行处理的，则可以撤销简易公审程序的适用裁定，重新对案件进行审理。

### （三）起诉犹豫程序

起诉犹豫程序源于 1886 年的“检察官微罪不起诉”制度，是日本在起诉便宜主义指导下，为缓解司法压力和政府经济负担而创设的一项旨在快速处理轻微罪的程序机制，在案件起诉阶段赋予了检察官较大的自由裁量权。根据立法的规定，检察官可以结合犯人的境遇、犯罪情节和犯罪后情况等方面进行评估，认为不需要追诉的，可以不起诉。④ 尽管日本的刑事诉讼立法并没有对检察官的起诉裁量权通过具体法条加以规定，但从第 248 条看来，检察官的起诉裁量权受制于行为人的自身情况、犯罪行为本身的事实以及犯罪后的表现等三个方面。实践中，检察官适用起诉犹豫程序的事项不限于前述所列。这是日本立法意图通过检察官起诉裁量权的适用平衡司法公正与程序效率的关系。1949 年，日本颁布了《更生保护法》。该法以起诉犹豫程序为载体，融入犯罪改造理念，向被追诉人提供包括本人签订誓约书和非本人外的监督人签订保证书在内的方式，

---

① ［日］西原春夫著，李海东等译：《日本刑事法的形成与特色：日本法学家论日本刑事法》，中国法律出版社 1997 年版，第 409 页。

② ［日］田口守一：《刑事诉讼法》，中国政法大学出版社 2010 年版，第 213 页。

③ 张吉喜：《被告人认罪案件处理程序的比较法考察》，《时代法学》2009 年第 3 期。

④ ［日］松尾浩也著，丁相顺译：《日本刑事诉讼法新版（上）》，中国人民大学出版社 2005 年版，第 176 页。

以敦促、激励被追诉人进行改造，从而进一步拓展了该制度的犯罪预防功能。

然而，无论裁量权的建构如何精致，为了保证司法公正，仍然需要对裁量权予以必要的监督。在此方面，日本立法者作出了更为精密的规定，使监督机制成为起诉犹豫制度不可忽视的一大亮点。根据日本《刑事诉讼法》规定，检察官在作出不予起诉决定后，均应当主动通知控告人、告发人，必要时应当向其解释决定之理据；而针对公务员或公安调查官滥用职权罪作出不起诉决定时，告发人不服的，可以在接到不起诉通知之日起七日内向检察官所属检察厅所在地的法院请求审判；对该请求法院需要组成合议庭进行审理和调查后，方可作出最终裁定。此外，1948 年制定的《检察审查会法》还为民意监督提供了渠道。由具有众议院议员选举权的公民通过抽签的方式产生的检察审查会，是代表民众对检察官权力行使进行监督的民间机关，主要负责审查检察官的不起诉决定是否适当。任何人对于任何案件，不服检察官不起诉决定的，均可向检察官所属的检察审查会提出申请，由检察审查会依照法定的程序作出最终的决定。

### （四）简易命令程序

日本的简易命令程序，又被称为日本的略式程序，是指法官根据检察官的定罪量刑请求，无须经过正式的审判即可对被追诉人之犯罪予以审查和确认的刑事速裁程序。简易命令程序的适用会导致整个开庭审理阶段的省略，法官主要任务是对检察官提交的处罚命令请求进行书面审查，即采用书面审理方式。为了保障裁判公正性不因庭审阶段的省略而遭到减损，区别于日本一贯奉行的起诉状一本主义[①]，简易命令程序在案件移送方面采用的是全卷移送主义[②]，可以被认为是日本刑事诉讼制度的唯一例外。

在适用规范上，日式的司法制度一贯以精密而著称，对于刑事简易程序的建构也不例外。日本的《刑事诉讼法》与《刑事诉讼规则》均以专编的形式对简易命令程序的适用进行了细致的规定。简易命令程序适用于最高可能被判处五十万日元以下的罚金刑案件，但不排斥包括缓刑和没收在内的其他附加性刑罚的并处。适用请求由检察官提出，但应当向被告人告知请求的内容。[③] 此外，对于

---

① 起诉状一本主义，又称起诉书一本主义，是指在案件移送时只移交起诉书而不移交证据材料，以保证法官在审理案件前处于中立位置而不因为事前接触证据产生先入为主的观念。

② 全卷移送主义，即卷宗移送主义，是指在案件移送时移送全部材料，以便于法官在审理前对案件有更为清晰的认识和更为全面的把握。

③ 宋英辉译：《日本刑事诉讼法》，中国政法大学出版社 2000 年版，第 104 页。

已经启动简易命令程序的案件，法官在审理过程中认为不宜继续适用的，应当及时转化为普通的正式审判程序；同时法律也规定，正式审判的请求可以在第一审判决前撤回。

在权利保障方面，相较于本书介绍的德国与意大利两国的处罚令程序，日本立法明确规定了简易命令程序的适用应当具备的前提条件。具体而言，即要求检察官在请求法官适用简易命令程序对案件进行处理时，应当预先向被告人解释程序适用的必要事项，书面记载被告人无异议的情况后，连同其他案件材料一并移送法院；被告人不同意适用的，检察官不得向法院提交适用简易命令程序的申请。在简易命令程序作出后，检察官及被告人均可对程序的适用提出异议，要求案件以正式审判程序进行审理；最终适用正式审判程序的，原作出适用简易命令程序适用决定的法官应当回避。被告人在符合条件的情况下，可以对法官根据简易命令程序作出的裁判提起上诉。①

## 三、意大利：以分流与多层为指导的速裁程序

意大利的刑事诉讼程序非常强调程序分流的实现，可以归于“速裁”的有依当事人要求适用刑罚程序、处罚令程序和快审系列程序等三类；其中快审系列程序下又包括简易审判程序、快速审判程序和立即审判程序三种。正因这种多层化的建构，意大利又被认为是刑事分流程序体系最为庞大的国家。与德国、日本相比，意大利的刑事诉讼制度受人权保障理念影响最为深刻，不仅有与美国辩诉交易制度相似的依当事人要求适用程序，还一度因为刑事诉讼制度中人权保障规则的不断设置造成了大量的诉讼拖延，成为“二战”后“案件积压最为严重的国家”②。为了彻底化解案件积压的矛盾，意大利在1988年对刑事诉讼法进行修订的过程中非常强调程序简化之必要，并在借鉴其他国家经验的基础上修缮了处罚令程序和设置了快审系列程序。至此，意大利的刑事速裁体系正式形成。

① 宋英辉译：《日本刑事诉讼法》，中国政法大学出版社2000年版，第104页。

② [意]马可·法里布著，龙宗智译：《意大利刑事司法制度改革：理论与实践的悖反》，载陈光中、江伟：《诉讼法论丛（第二卷）》，法律出版社1998年版，第287页。

## （一）依当事人要求适用刑罚程序

依当事人要求适用刑罚程序，学界称为“意大利式辩诉交易程序”，是指在宣布开始第一审法庭审理之前，未提出适用简易审判程序申请的被告人和检察官可以要求法官按照其双方的协议确定应适用的刑罚，法官即以判决的形式确认双方协议或依被告人的要求自行判决应适用的刑罚的简易程序。[①] 从该定义中可知：第一，依当事人要求适用刑罚程序只涉及量刑层面的商讨，不能就罪名问题进行商议；第二，被告人与检察官均可提出适用该程序的要求；第三，法官只能按照被告人与检察官达成的协议裁判，不得对内容进行改变。然而，由于意大利宪法法院于1990年前后在一系列的判例中指出该程序违反无罪推定，涉及违宪问题，因而要求法官在此后适用该程序时必须同时得到预审法官与其他法官对控辩协议及被告人自愿性的审查与确认，这也构成了意大利式辩诉交易程序与美国式辩诉交易最大的区别。

在程序适用方面，除前文所述之被告人自愿及只允许就量刑进行磋商外，根据意大利刑事诉讼法的规定，还有以下特点：第一，依当事人要求适用刑罚程序的对象排除了有组织犯罪案件，并且限于最高刑为五年以下有期徒刑或拘役的案件；第二，控辩双方均可独立向法官提出适用该程序；第三，该程序在包括上诉在内的任何阶段均可适用；第四，法官必须对证据材料及认罪协议进行严格的审查；第五，该程序的适用无须以被告人的认罪答辩为前提；第六，根据该程序作出的裁决只针对犯罪行为，不必然导致诉讼费用的承担与其他刑罚、处分的适用。

在权利保障方面，除预审法官与其他法官对被告人自愿性与协议内容进行双重审查外，最终量刑结果应当体现对被告人责任之减轻也是依当事人要求适用刑罚程序的一大亮点。根据意大利《刑事诉讼法》第四百四十四条规定，被告人和检察官可以要求法官按照自己提议的种类和标准适用替代性刑罚或减轻三分之一的财产刑，或者适用监禁刑，只要根据具体情节并在减少三分之一后该监禁刑不超过单处或者与财产刑并处的五年有期徒刑或拘役。[②] 同时，被告人可以自行主张适用该程序，无须以与检察官协商一致为前提；检察官不同意适用该程序的需要向法官提交正当理由，法官不认可的可径行决定适用。需要注意

① 左卫民等：《简易刑事程序研究》，法律出版社2005年版，第105页。

② 艾静：《我国刑事简易程序的改革与完善》，法律出版社2013年版，第62页。

的是，意大利对该程序的裁决之救济采用的是“有限上诉”做法，被告人对据此程序作出的裁决没有上诉的权利，检察官在法官不接纳其反对适用该程序作出之裁决的情况下方可上诉。

## （二）处罚令程序

意大利的处罚令程序，是指检察官有权请求负责初期侦查的法官，就公诉案件中检察官认为仅适用财产刑（包括替代监禁刑所科处的财产刑）就足以罚当其罪的案件，或者替代监禁刑而科处财产刑的案件，无须经过侦查或审判而直接发布处罚令的简易程序①。可见，该程序之适用以检察官的请求为依据，无须经过被告人的同意，被告人也无权主动要求适用，这与前文提及的日本的处罚令程序有着根本之区别。意大利革新之处在于适用的前提和罚金减少的幅度：前者将检察官首先提出作为该程序得以适用的基础，后者则确认了罚金数额可减少 50% 左右②。处罚令程序因程序的大幅省略而成为意大利刑事诉讼程序中最为简便的典型代表，因此有必要严格其适用条件，避免程序公正与效率关系的失衡。

意大利处罚令程序的适用属于检察官裁量的范围。在刑事案件中，检察官认为被告人行为仅需适用财产刑足矣时，可以向负责初期侦查的法官移送卷宗及处刑建议，同时提起适用处罚令程序之申请。法官对案卷进行实体审查后，会产生三种程序后果：第一，法官认为被告人相关行为符合法定开释条件的，可直接判决；第二，法官认为案件不应当适用处罚令程序或认为检察官的量刑建议不妥的，应当拒绝适用处罚令程序；第三，法官认为检察官之申请符合法律规定并且合理的，应当按照法律的规定直接制作与发布处罚令。

在权利保障方面，《刑事诉讼法典》同样做了比较细致的规定。首先，对于可能被判处自由刑或人身保安处分的被告人，检察官不得启动处罚令程序。其次，被告人自处罚令送达之日起十五日内有权提出异议，同时可以主张适用立即审判、简易审判等程序对其案件进行处理；是否支持由法官决定。异议成立的，法官应当撤销处罚令，并视情况启动其他的简易程序或者普通程序；异议不成立或没有提出异议的，法官裁定执行处罚令。最后，生效的处罚令在民事审判

---

① 王国枢、项振华：《中外刑事诉讼简易程序及比较》，《诉讼法学·司法制度》1999 年第 9 期。

② 黄风译：《意大利刑事诉讼法典》，中国政法大学出版社 1994 年版，第 9 页。

或行政审判中不具有已决案的效力。[①]

### （三）快审系列程序

快审系列程序，是对意大利刑事诉讼制度的简易审判程序、快速审判程序和立即审判程序三者之统称。根据意大利的相关立法规定，刑事审判程序可以被区分为初期庭审和正式审判两重阶段。其中，初期庭审是在预审法官的主持下，对检察官收集的证据进行审查，以防止不正当之公诉启动；正式审判是在对抗模式下展开，各方当事人在法官主持下展开攻防。快审程序实际上就是在保留审判程序的前提下对程序中的某些阶段进行不同程度的省略，以提高诉讼的效率。简易审判程序、快速审判程序和立即审判程序就是基于此背景产生，以更好地适应不同刑事案件分流的需要。

简易审判程序，是指经检察官的同意，在案件完成初步侦查后，由被告人向法官申请适用简易审判程序，以换取较轻的刑罚。简易审判程序的适用范围十分广泛，基本上涵盖了除法定刑在终身监禁以外的所有案件。[②] 该程序的适用申请虽然由被告人提出，但必须以检察官的批准为前提。法官在审查后认为可以接受的，仅根据侦查卷宗进行初步庭审即可作出裁决。法官认为检察官拒绝被告人适用简易审判程序请求之理据不合理的，有权对被告人作出降低三分之一幅度的处刑。对于检察官提出的拒绝理据，一般必须与证据相关，即应当使法官确信仅仅根据案卷材料不能公正地处理案件，因而需要举行正式的法庭审判以补充新的证据。[③] 简易审判程序只能适用独任审判，公诉人和辩护人都必须出席庭审讨论。和依当事人的要求适用惩罚不同，简易审判程序可以作有罪判决、无罪判决和不应追诉之判决。通过简易审判程序所作的裁决可以上诉，但需要受到一定的限制，如开释判决或替代性刑罚判决的上诉禁止、仅判处财产刑的判决的上诉禁止以及检察官不得对处罚判决上诉等。[④]

快速审判程序和立即审判程序的共同点，在于对预审程序的省略。所谓“快速审判程序”，是指被告人在被当场抓获或在讯问中作认罪答辩时，检察官可以

---

① 艾静：《我国刑事简易程序的改革与完善》，法律出版社 2013 年版，第 44 页。

② 黄风译：《意大利刑事诉讼法典》，中国政法大学出版社 1994 年版，第 11 页。

③ William T. Pizzi，Luca Marafioti，The New Italian Code of Criminal Procedure : the Difficulties of Building an Adversarial Trial System on a Civil Law Foundation，The Yale Journal of International Law (5，1992)，p. 2534.

④ 艾静：《我国刑事简易程序的改革与完善》，法律出版社 2013 年版，第 44 页。

越过初步庭审程序，直接将案件提交审判法官按照普通程序进行审理。[①] 快速审判程序由检察官申请适用，只有在被告人被当场抓获且法官不认可逮捕的情况下需要被告人同意才能适用；被告人无权主动要求适用快速审判程序。快速审判程序可以适用于任何刑期的案件。需要注意的是，尽管在快速审理程序下案件仍然需要按照普通程序进行审理，但此时的普通程序已经作出了适当的省略，包括可以采用口头传唤以及当庭提出证人等。在权利保障方面，被告人有权在快速审判中以当事人之身份要求适用刑罚程序或要求适用简易审判程序。立即审判程序，是指在对犯罪启动侦查的九十日内，有明确证据证明被告人有罪且被告人自愿放弃初步庭审环节的，被告人和检察官均可要求省略初步庭审而立即审判。[②] 立即审判程序能够适用一切刑期的案件；既可以由检察官申请适用，也可以由当事人申请适用，严格来说应当属于混合式的刑事速裁程序。根据《刑事诉讼法典》第四百一十七条规定，检察官提出立即审判申请时，应当具备与移送以下材料：第一，已经查明的被告人与被害人的一般情况；第二，案件的事实、行为的情节与处罚的法律依据；第三，有可支持其主张之证据与法条；第四，明确的请求、日期与签字；第五，案件侦查的工作记录文件。[③] 检察官提出适用立即审判程序需要在讯问被告人后方可进行，但无须被告人同意；被告人主动提出适用该程序的应当向文书室、公诉人和被害人提交放弃初步庭审权利声明书。法官就相关文件情况进行审查后，认为该案能够适用立即审判程序审理的，可以签发立即审判令，然后继续按照普通程序对案件进行审理。

## 四、法国：以检察官权力为中枢的速裁程序

作为大陆法系的传统国家，法国在诉讼构造方面采用的却是对抗式的当事人主义诉讼模式，但在具体的刑事诉讼程序规定中却又十分重视对司法权力——尤其是检察官权力的维护。这使法官的诉讼立法与实践呈现出与其他大陆法系国家不同的特征。现阶段法国刑事诉讼程序中符合“速裁”内涵的主要有辩诉交易程序和违警简易程序两种；其中，辩诉交易程序在立法与司法实践中又能够被进一步区分为庭前认罪答辩与刑事调解两种形式。这些程序的设置同样为法

---

① 艾静：《我国刑事简易程序的改革与完善》，法律出版社 2013 年版，第 44 页。

② 艾静：《我国刑事简易程序的改革与完善》，法律出版社 2013 年版，第 44 页。

③ 黄风译：《意大利刑事诉讼法典》，中国政法大学出版社 1994 年版，第 11 页。

国刑事诉讼效率的提升发挥着不可替代的作用。

### （一）辩诉交易程序

近十余年来，欧陆各国程序法普遍出现“美国化”的趋势。[①] 其中，以辩诉交易理念最为明显。相比于其他国家对辩诉交易理念的吸收程度，法国的辩诉交易程序比较年轻，始于 2004 年创设的庭前认罪答辩程序；而虽然调解程序在 1999 年已经初具端倪，但同样是到了 2004 年前后，随着立法者对适用范围和适用细则进行了扩大和规范，调解程序才最终被确定下来。至此，法国方才初步形成了以庭前认罪答辩与刑事调解为核心的高效刑事案件处理机制，并在很大程度上缓解了法院刑事庭审的压力。

作为一种新型的刑事裁判程序，庭前认罪答辩程序是指对于轻罪案件的被告人，法律允许其在认罪的情况下，与检察官进行量刑交易。认罪答辩程序的设置主要是为了提高诉讼效率，减轻轻罪法院的负担并使被告人更好地接受量刑。[②] 庭前认罪答辩程序适用于主刑在五年以下监禁或为罚金的犯罪，并且对未成年人犯罪、虚假新闻罪、过失杀人罪、政治罪及专门法律规定的犯罪等予以排除。检察官在该程序中处于绝对的主导地位，在被告人认罪的前提下，其根据案件提出的量刑建议，既不需要以被告人同意为前提，也不需要与被告人进行讨论；被告人也无权就建议提出意见。对于检察官提出的量刑建议，法律给予了被告十天的考虑期；被告在思考期内不得要求解除相关的人身强制措施[③]。被告人不接受量刑建议的，其在认罪答辩程序中所作之声明与笔录归于无效，在后续的审判中不具备证据效力；被告人接受量刑建议的，检察官可向法官提出审核申请，由法官从真实性、适当性和公正性三个角度，结合犯罪情况、量刑幅度及程序运作，对相关的量刑建议进行审核后，方可作出是否核准的裁定。对于法官的裁定，被告人可以上诉，检察官可以抗诉。需要注意的是，在庭前认罪答辩程序中，法律禁止被告人放弃律师协助的权利。

相比之下，刑事调解程序更像是一种公诉替代程序。考虑到法国各个地区实际情况间的差异，为了便于检察长根据实际需要制定刑事政策以达到最优效果，法国《刑事诉讼法典》在刑事调解程序方面给检察官预留了较大的空间。根

① 张智辉：《辩诉交易制度比较研究》，中国方正出版社 2009 年版，第 181 页。

② Journal officiel de la Republique francaise，du 22 mai 2003，Debats parlementaires.

③ 施鹏鹏：《法国庭前认罪答辩程序评析》，《现代法学》2008 年第 5 期。

据法律及 2004 年贝尔本第二号法令的规定，应处罚金刑或五年及以下监禁刑的轻罪或违警罪均可以适用调解程序；各地检察长可在法定框架内自主确定程序的适用范围。在刑事调解程序的运作上，在被告人自愿认罪的前提下，检察官或检察官委托的代表可以提出刑事调解建议；被告人无权主动要求适用调解程序。对于调解建议，被告人拒绝接受的，检察官应当及时提起公诉；被告人同意接受的，由法官就程序标准和实质标准进行审核批准。对于经法官核准后的调解建议，被告人应当主动执行；被告人无正当理由拒不执行的，调解程序归于无效，检察官重新提起公诉。被告人主动履行完毕的，公诉归于消灭[①]；但受害人仍保有就民事损害赔偿提起民事诉讼的权利。

### （二）违警简易程序

除了辩诉交易程序外，法国刑事诉讼制度中规定的违警简易程序同样具备刑事速裁程序之特征。法国自 1810 年《刑事诉讼法典》始即按照犯罪的严重程度，并以适用刑罚种类和罚金数额为标准，将刑事案件分为重罪、轻罪和违警罪三个档次，并且规定由不同的法庭按照不同的审判程序和规则进行审理。其中，违警罪审判程序的适用对象，一般被认为是违反以社会纪律为内容的法律规则。违警罪审判程序被单独设置源于法国 1810 年《刑事诉讼法典》对犯罪行为的制裁力度明显加大，将本来属于治安处理的违法行为纳入了刑法的规范范围之中，以更好地通过刑法打击犯罪、保护资产阶级利益和稳定社会秩序。随后，基于提高诉讼效率的考量，对于处理轻微刑事案件的违警审判程序，立法对其进行了再次简化，并历经多次调整，形成了现行的违警简易程序。与违警简易程序不同，轻罪简易程序从规则上看仅属于对轻罪程序本身流程的简化，在理论定义上更加符合简易程序而非速裁程序之特征，故本书不作赘述。

根据法国《刑事诉讼法典》规定，违警简易程序可以适用于任何违警罪，即法律规定不超过两万法郎之罚金刑的犯罪；当事人是否构成累犯在所不问（简易程序下的专用于与交通运输有关的定额罚金程序除外）。[②] 违警罪法庭由初审法院法官、检察院官员和书记官组成，掌握启动权的是检察院官员。在程序的具体运作方面，检察院认为案件可以选择适用简易程序的，应当将追诉案卷及其公诉意见书提交至违警罪法庭法官。法官收到前述材料后，结合检察院的量刑

---

① 张智辉：《辩诉交易制度比较研究》，中国方正出版社 2009 年版，第 209 页。

② 罗结珍译：《法国刑法典 刑事诉讼法典》，国际文化出版公司 1997 年版，第 521~522 页。

建议对犯罪事实和犯罪人财产进行必要的审查；认为能够适用违警简易程序的，可以不经事先辩论即以刑事裁定书的形式就案件作出裁判，或者免予起诉，或者科处罚金，也不需要对刑事裁定说明理由。因此，法国的违警简易程序又被认为具备理论上所称之处罚令程序之内核。如果法官认为既有材料不能免除对席辩论之必要，或有可能宣告除罚金刑以外的刑罚时，则应当将案卷退还检察院，并指明应当按照违警普通程序进行追诉。对于法官作出的刑事裁定，检察院与被告人均有权提出异议。检察院对法院裁定执行有异议的，应当在裁定书作出起十日内向法庭书记室提出异议声明；检察院没有异议或没有提出异议的，刑事裁定书将以挂号信并要求回执之形式通知被告人；被告人在前述挂号信寄发起三十日内可对裁定执行提出异议；被告人没有提出异议但又没有主动履行罚金支付的，罚金及诉讼固定税费即可追索；前述各阶段异议成立的，案件按普通程序的形式提交违警罪法庭审理。①

违警简易程序对法庭正式审理环节进行了大规模的省略，同时刑事裁定又允许理由说明的省略，因而在很大程度上促进了诉讼效率的提升。但为了避免程序的正当性与被告人合法权利的实现受到质疑，法国立法赋予了被告人在违警简易程序适用过程中获得律师帮助的权利。这使被告人能够在律师的帮助下更加清晰地认识自己的处境，并在充分知悉权利和权衡利益的基础上作出程序适用选择，同时也避免了被告人因不满裁定而提出异议引发的司法资源浪费。

## 第三节　刑事速裁程序的立法启示

刑事速裁程序的价值，是在确保诉讼公正的前提下，实现诉讼效率的大幅度提高。无论是英美法系还是大陆法系，无论是当事人主义、职权主义还是混合式的诉讼模式，其法律制度的修缮都是围绕着公正与效率的平衡关系进行，不敢偏颇。然而，刑事裁判过程本质上是在案件侦查基础上的控、辩、审三方角力过程，故在速裁程序的建构与运行中，以何者为主导对于各个诉讼角色权利和义

① 罗结珍译：《法国刑法典 刑事诉讼法典》，国际文化出版公司 1997 年版，第 521~523 页。

务的分配而言都有着重要的意义，最终也必然影响到公正与效率的关系。在这个过程中，既要重视对诉讼效率的提高，又要注重程序简化后的人权保障，避免因此导致的司法公正折损。通过对上述国家或地区的刑事速裁程序制度进行类型梳理与介绍，可以得到以下启示。

## 一、程序适用：应当充分尊重当事人的意愿

保障人权与提高效率是当前刑事诉讼制度建设的两大主题，同时也是协商性司法理念的基本内核，直接导致近半个世纪以来刑事诉讼程序的性质发生了从权力式到权利式的转变。无论是英美法系的当事人主义诉讼模式抑或大陆法系的职权主义诉讼模式，现阶段司法改革的目标大体呈现出两个特征：一是提高诉讼效率，实现对犯罪的高效打击，缓解法院的办案压力；二是充分保障人权，保护被告人、被害人在刑事诉讼中的权利，克服程序简化对司法公正的影响。从前文所列举的典型性刑事速裁程序中不难发现，无论是当事人主导类型、侦查人员主导类型、检察官主导类型，还是法官主导类型，尽管程序的启动、适用或变更并不能够完全以当事人的意志为转移，但仍然没有任何一个程序能够全然忽视当事人的意愿。可见，虽然各国力图通过设置简化的诉讼程序以提高刑事案件的处理效率，但都注意到了程序的简化必然会减少当事人刑事诉讼权利的机会，因而会在立法中强调对当事人程序适用意愿的尊重，以避免诉讼人权遭到效率的侵蚀。

据此，笔者认为，我国在对刑事速裁程序进行立法规范时，同样应当充分尊重当事人的意愿。具体而言：第一，充分尊重当事人的程序选择权。这既包括速裁程序的适用前应当听取当事人的意见，也包括赋予当事人在速裁程序适用时要求变更程序的权利。从各国的相关程序上看，刑事速裁程序的适用或是需要以被告人的自愿认罪为前提，或是应当在申请或裁定适用刑事速裁程序前听取当事人的意见，或是赋予当事人主动申请适用速裁程序的权利。当事人在其案件适用刑事速裁程序进行处理的过程中申请改为普通程序审理，或者在进行普通程序的过程中申请适用刑事速裁程序审理的，检察官、法院可以允许，但应当要求当事人提出程序变更的理由与证据并进行审查。第二，保护当事人的基本诉讼权利。从本质上看，刑事速裁程序是对普通诉讼程序的简化，而当事人诉讼

权利体系的搭建则是以普通诉讼程序的推进为框架，故当事人的诉讼权利可能因为诉讼程序的简化而受到减损。在权利的减损因效率的提升而难以避免的情况下，立法者需要更加注意保护当事人在刑事速裁程序中仍然享有的诉讼权利，如申请回避权、最后陈述权及罪名、证据知悉权等，以保障检察官之决定、法官之裁判是在事实清楚、证据充分、不偏不倚的基础上作出。第三，及时为当事人提供律师帮助。律师作为拥有专门知识的人，比当事人更加能够综合衡量程序的适用对于当事人而言是否有利，同时也能够保证当事人在正确理解程序规则与后果的基础上作出选择。不少国家的刑事诉讼法对速裁程序中的辩护律师作了强制规定，要求速裁程序的被告人必须聘请辩护律师，否则必须接受司法行政部门的公职律师为其进行辩护或提出相关意见，以最大限度减少程序简化对被告人诉讼权利行使的影响。

## 二、程序建构：种类与范围应当明确地界定

程序的种类和适用的范围可以说是程序建构的基础。其中，刑事速裁程序的种类是指在刑事速裁的大框架下设置的具体程序；刑事速裁程序的适用范围是指程序本身及其范畴下的具体程序可以处理的案件特征。随着社会的不断进步，多元化成为人类文明的发展趋势，这在司法程序改革领域也不例外。为了更好地适应惩治犯罪、保护人权的需要，各国的刑事速裁程序也呈现出多元化的特点。同时需要注意的是，随着世界范围内刑事诉讼理念的不断翻新，不少国家和地区的刑事速裁程序在适用范围方面呈现出扩大的趋势，在符合法律规定的情况下，一些重大的刑事案件也能够通过速裁程序得以快速处理；一些国家和地区的刑事诉讼法甚至取消了刑事速裁程序的适用范围限制，进一步提高了刑事诉讼的效率。在前文所介绍的域外相关制度中，刑事速裁制度建构较为成熟的美国、德国、日本和意大利基本设有两到三种刑事速裁程序，以适应不同程度刑事案件的处理需要。需要注意的是，从作为职权主义代表国家的德国及日本的相关做法上看，尽管两国的刑事速裁程序适用不再以罪行之轻重为限，但仍然保留了对适用范围的明确性限制。

我国刑事诉讼向来遵守职权主义的诉讼模式，长期受德国、日本等大陆法系国家的影响，法治理念及司法实践较为相似。因此，立法者在对刑事速裁程序进

行建构时，对于种类和范围应当注意以下三点：第一，设置多样化的刑事速裁具体程序。多层次简化的刑事速裁程序能够更有针对性地应对司法实践中不同程度的犯罪，同时考虑到刑事速裁庭审一般采用独任制的审理方式，客观上能够促进法官的审判业务专门化，促进同类型案件诉讼效率的提升。第二，明确不同具体刑事速裁程序的适用范围。在设置多种类刑事速裁具体程序的基础上，法律还应当按照犯罪行为的性质和适用刑罚的轻重明确不同具体程序，通过规范具体速裁程序的适用实现案件处理分流，提高诉讼效率。第三，注重具体速裁程序与适用范围的一一对应；具体速裁程序之间、速裁程序与普通程序之间能否转化、转化要求的条件应当由法律明确规定，避免造成重复讼累与浪费司法资源。

## 三、程序选择：发挥法官和检察官的裁量权

平衡诉讼效率与人权保护之间的关系，还需要重视发挥法官和检察官在程序选择方面的自由裁量权。自由裁量权是法律赋予法官、检察官在司法程序推进的过程中，基于公平与正义的考量，“在多种合法方案之间进行合理选择的权力”①。结合程序选择方面，即是允许法官、检察官根据具体案件的情况，在法律规定的范围内选择普通程序、简易程序或刑事速裁程序进行处理。在这种过程中，法官、检察官不仅需要考察案件是否满足程序法上能够适用相关程序的条件，还要对案件中被告人之行为的社会危害性与刑罚当罚性等实体性问题进行预估，以确定其最终可能适用的刑罚能够在相关程序下作出。尽管规范司法公权与尊重诉讼权利成为现阶段大多数国家诉讼程序建构与修缮的指导理念，但还应当看到法官、检察官裁量权的适用对诉讼效率提高与当事人权利保障的重要作用。从前文所介绍的域外情况可知，当前检察官的刑事速裁程序适用裁量权主要是通过不予起诉决定、是否接纳当事人的程序适用意见或在听取当事人意见后是否申请适用速裁程序的方式完成；而法官的相关裁量权运用则主要通过对检察官提交之申请进行条件审查后作出是否准予的裁定来完成。

从学界的诸多观点及实务中的众多现象中不难发现，我国刑事诉讼制度呈现出区别于域外大部分国家的强职权干预特点，当事人的程序主体地位没有受

---

① 梁迎修：《法官自由裁量权》，中国法制出版社 2005 年版，第 25 页。

到应有的尊重。客观而言，检察官在程序的选择与决策方面更为专业；法官的中立性的裁判地位使其更能够兼顾提高诉讼效率、节约司法资源和保护当事人权利之间的关系。因此刑事速裁程序立法中，不妨在尊重当事人诉讼权利的基础上，适当发挥法官和检察官的裁量权。除保留现有检察官对不予起诉决定作出的裁量权外，一方面，对于适用与启动刑事速裁程序，主导权仍应当交由检察官，保证检察官在刑事速裁程序启动阶段的核心地位①。检察官认为相关案件能够适用刑事速裁程序的，方可就程序的适用征询被告人及其辩护律师的意见；被告人主动提出适用刑事速裁程序的需要提交书面材料，检察官应当对其适用的理据进行审查，并在排除不宜适用的情形后向法院提出申请；侦查人员在侦查过程中认为可以适用刑事速裁程序的，可以向检察官书面提出建议。另一方面，要充分发挥法官的程序审查权，对检察官的裁量权进行一定的监督与制约。在速裁程序适用意见方面，检察官与被告人意见一致的，法官结合卷宗与双方有关程序适用的意见进行审查，必要时可以要求双方补充说明；检察官与被告人意见不一致的，应当要求检察官提交被告人有关程序适用的意见，以及检察官不支持被告人意见的缘由与证据，并在综合考量下就程序适用问题作出裁定。

## 四、程序救济：被告人有限上诉机制的思考

作为宪法人权在刑事诉讼制度中的体现，刑事上诉权是法律赋予刑事诉讼当事人的诉讼权利，也是当事人在不服一审裁判时寻求救济的有力武器。然而，倘若允许上诉不加以选择地适用，不仅是对在先审判效力的弱化，无形中还造成司法资源的浪费与诉讼效率的降低。因此，包括上诉权在内的诉权虽受各国宪法的保护，却也并非没有限度。②笔者认为，刑事速裁程序设置的初衷，是通过分流事实清楚、证据充分的非严重刑事案件，兼顾效率与公正。在协商性司法的时代背景下，法律并不禁止当事人自愿对其本身诉讼权利的放弃，这也构成了简化性程序存在的前提。根据我国《刑事诉讼法》的规定，被告人对第一审裁判不服的，均可上诉；上诉后，第二审均按照普通程序进行处理。故笔者认为，

① 陆海：《辩诉交易：一个值得借鉴的域外司法经验》，《湖北警官学院学报》2013年第8期。
② 张维迎、艾佳慧：《上诉程序的信息机制——兼论上诉功能的实现》，《中国法学》2011年第3期。

在被告人自愿认罪并且同意适用刑事速裁程序的情况下，如果允许被告人肆意就速裁裁判进行上诉，不仅侵蚀了刑事速裁程序的权威性，降低了程序的分流效果，还会进一步造成诉讼的拖延和司法资源的浪费。也正是基于这个考量，在速裁程序相对成熟的国家和地区会对被告人的上诉权进行一定的限制，或是不允许被告人就其承认之罪名进行上诉，或是只允许被告人在不同意适用速裁程序的情况下进行上诉，以确保通过刑事速裁程序得出之裁判的权威性与震慑力。

在综合域外相关规定的基础上，笔者认为，借鉴被告人有限上诉的规定，对于刑事速裁的上诉问题，立法者可以考虑以下两点：第一，被告人自愿认罪并且同意适用刑事速裁程序的，仅允许其就量刑部分提出上诉；第二，被告人自愿认罪，但不同意适用刑事速裁程序的，允许其上诉不以前序审判的量刑为限。这样规定，一方面是避免被告人通过上诉故意造成诉讼迟延，另一方面也敦促被告人应当慎重对待诉讼权利和诉讼义务。此外，为了避免被告人有限上诉规定造成刑事速裁程序的适用度不高等问题，对自愿认罪并且同意适用刑事速裁程序的轻微刑事案件被告人，法律应当允许较轻量刑建议的提出，让从轻处罚从自愿认罪后果向程序后果转变，激励速裁程序的选择；同时应当允许被告人在速裁程序裁判作出之前的任何阶段行使程序变更权，实现刑事速裁程序与刑事简易程序、普通一审程序之间的转换。但必须要注意的是，一方面，刑事速裁程序是对普通刑事审判程序的大幅度简化，这本质上是个体公正对整体效率的一定让步与成全；另一方面，尽管有限上诉制度普遍存在于域外的法律规则之中，但有限上诉的理念在我国并不成熟，现阶段仅存在于小部分普通民事诉讼案件处理之中。这意味着有限上诉制度能为我国刑事速裁程序所借鉴，但具体适用机制应当如何设置，仍然需要结合我国的具体法治土壤进行充分的论证与尝试。

# 第四章
# 我国刑事速裁程序的制度规范

学术的研究应当源于问题的发现，并且能够反作用于问题的解决，方能更好地促使制度的完善。近年来，我国的法治建设处于快速发展的阶段。在不同的法律制度建制的过程中，域外的相关经验无疑有着重要的借鉴意义，但若要真正发挥其对我国各项具体程序的积极作用，就必须以该项程序的清晰认知为前提。具体到本论题下而言，即应当从我国现阶段立法与司法对刑事速裁程序的规范与实践情况切入，才能够更好地促进制度规范的实现。

2014 年 6 月，我国刑事速裁程序在 18 个省市开展为期两年的试点工作。在试点地区，符合条件的犯罪嫌疑人可以自由选择是否适用刑事速裁程序。据最高人民法院、最高人民检察院 2015 年公布的《刑事案件速裁程序试点情况中期报告》显示，刑事速裁程序试点在我国的刑事司法程序实践中取得了不俗的成绩，同时也迎来了我国刑事速裁程序试点工作的关键时期。2018 年 4 月，《刑事诉讼法（修正草案）》提请审议，该草案中将刑事速裁程序以法律的方式予以确定；10 月 26 日，修正案正式通过并颁行，“速裁程序”以专节的形式被纳入立法体系，与之相关的认罪认罚从宽及值班律师等制度也反映在修正后的刑事诉讼法中。本书认为，刑事速裁程序作为司法实践先于立法的新型尝试，只有对其制度渊源、产生背景和对制度进行规范阐释进行考察，方能更好地发现与提出刑事速裁程序进一步完善与细化时应当关注的问题，做到对症下药、有的放矢。

## 第一节　我国刑事速裁程序的制度渊源

对于我国而言，刑事速裁程序并非是全新的舶来之物，而是一直属于轻罪案件快速办理制度中的有机组成。轻罪案件快速办理制度是司法实践的产物，主要包括刑事和解程序、不捕直诉程序、不起诉程序、简易程序和刑事速裁程序，可以被认为是司法公正与效率相互妥协的结果。在此背景下，刑事速裁程序以司法效率的提升为前提而设立，在具体运行中坚持司法公正的要求，并通过轻罪案件的快速处理节约司法资源、维护社会正义，能够有效缓解刑事案件的增长与司法资源有限性之间的矛盾，因而受到各国立法者的青睐。在我国，以轻罪案件快速办理机制为依托发展的刑事速裁程序具有较长的制度演化历史。

## 一、我国轻罪案件快速办理的近代立法

我国古代传统“厌讼”“息讼”理念不仅反映在民商事争议的解决，还反映在不少刑事案件的处理之中，因此可以说轻罪案件快速办理的司法实践在我国有着十分悠长的历史。我国有关轻罪案件快速办理制度的立法最早可追溯至清末民初。

1908 年，清政府在全盘借鉴日本 1885 年《违警罪即决例》的基础上，结合其于 1906 年颁布的《违警罪章程》，制定了内容与程序均更为全面、细致的《违警律》。[①]《违警律》规定了对轻罪行为人可以最多予以三十天的拘留、三十元的罚金、充公、停业及勒令歇业等处罚方法。尽管其在表述中大量使用“轻罪”作为其处罚对象的描述，但从现代刑事犯罪理念看来，《违警律》的适用程序并非正式的审判程序，其处罚更加倾向为行政性质而非刑事性质[②]；但考虑到梁启超在给袁世凯政府的建议中曾提及“应将轻微犯罪案件移归警署训诫”，因此亦有观点认为其可作为我国近代刑事简易程序之萌芽[③]，与域外的警察警告处分程序有异曲同工之处。

1914 年，袁世凯政府采纳了梁启超的司法改革建议，制定并颁布了《地方审判厅刑事简易庭暂行规则》十条和《审检厅处理简易案件暂行细则》九条，规定在犯罪嫌疑人犯罪事实明确的前提下，检察官认为该嫌疑人所受刑罚不需要超过四等以下有期徒刑、拘役或罚金的，可以直接向刑事简易庭起诉。据此，轻罪案件快速办理机制正式为近代立法所确立。根据规定，刑事简易庭审不适用预审程序，从收案到判决一般在四日以内完成，最长不得超过一周。检察官应当在两日内进行起诉。简易庭审由一名推事独任处理；推事接受案件后应在一小时内开庭，至迟不得超过两日应当作出判决。判决可以采用当庭宣告的方式；当事人当场表示不上诉的，判决即行生效。推事接受案件后，认为不宜作为简易案

① 戴鸿映：《旧中国治安法规选编》，群众出版社 1985 年版，第 15~23 页。
② 左卫民等：《简易刑事程序研究》，法律出版社 2005 年版，第 146 页。
③ 艾静：《我国刑事简易程序的改革与完善》，法律出版社 2013 年版，第 96 页。

件处理的，需要报请地方审判长处理。尽管刑事简易庭审程序对案件审理期限的限制大大提高了诉讼的效率，但实践中也正是因为起诉与裁判之匆忙导致独任推事对检察官提交之事实与证据难以有效核实。故实际上，简易程序案件的决定权由检察机关掌握[①]，审判程序实际上只是一个形式环节，难以保障当事人之人权，实际上是在以司法正义的牺牲来换取程序效率的提升。

1920 年，北洋政府在对德国处罚令程序和日本《刑事略式程序法》借鉴的基础上，颁行《处刑命令暂行条例》十五条。这意味着在中国刑事司法中第一次出现了类似德国处刑令程序的诉讼程序。[②] 该条例的目的在于通过扩大检察机关的权力以进一步提高诉讼效率。根据条例，经检察官的声请，对于嫌疑人判处刑罚不超过五等有期徒刑、拘役或罚金的刑事案件，地方简易厅可以直接以命令进行处刑；法院认为案件不应当通过处罚令处理的，可以依照建议庭审进行处理；当事人也可以在处刑令下达七日内对程序提出异议。但随着 1922 年《刑事诉讼条例》及其辅助《刑事简易程序暂行条例》十二条的颁布，尽管《处刑命令暂行条例》并未废止，但实际上已经为前者所取代，“各地方审判厅即无命令处刑之事实”[③]。

1928 年，国民政府在拟定《刑事诉讼法草案》时，出于“节省时日费用等种种之利益”[④] 的考量，在草案的第七编对简易程序予以沿用，并且进一步规定了在检察官没有声请，或法官认为不宜，或被告人自愿接受正式裁判等情况下，不得适用简易程序。此外，对于处刑命令，草案也予以纳入，明确要求命令应当以简略的方式发布，但不能省略被告人姓名、法院名称、作出命令的时间及推事署名盖章等命令关键事项。同年 7 月，《刑事诉讼法》得以通过，简易刑事程序正式成为我国刑事诉讼制度的重要组成部分，后历经多次修订，逐渐臻于完善，1949 年后我国台湾地区沿用。

需要注意的是，尽管近代中国的刑事诉讼立法坚持国家追溯主义原则，对刑事和解程序采取坚决禁止的态度，但从 2012 年浙江大学正式公布的《龙泉司法档案（晚清时期）》中相关诉讼档案来看，在 1929—1949 年完整有效的 245 份

---

① 李启成：《民初覆判问题考察》，《清华法学》2005 年第 1 期。

② ［日］西原春夫著，李海东等译：《日本刑事法的形成与特色：日本法学家论日本刑事法》，中国法律出版社 1997 年版，第 413 页。

③ 谢扶民：《中华民国立法史》，正中书局 1937 年版，第 1015 页。

④ 谢扶民：《中华民国立法史》，正中书局 1937 年版，第 1015 页。

刑事案件中，通过和解结案的数量有 102 件，占案件总数的 41.6%。[①] 这当中既有轻微刑事案件，也有如强奸罪、抢劫罪等具有重大社会危害性的案件。可见，刑事和解长期作为一种"潜规则"存在于清末民初的司法实践之中，法官通过刑事和解手段的运用，以期实现"情理"与"法理"的兼顾，化解社会纠纷，维系社会稳定。

## 二、中华人民共和国"速决程序"的规定

1979 年，中华人民共和国第一部《刑事诉讼法》颁布。但由于当时我国法制建设深受苏联国家严格职权主义的影响，兼之当时严格的人身管控，实践中犯罪率较低，简易程序的相关规定在立法中并未体现。然而，随着改革开放与经济建设的不断推进，人们道德评价和价值观念发生变化，社会情况日趋复杂，犯罪率特别是暴力性犯罪率快速飙升，犯罪类型呈现出多样化趋势，社会治安恶化。为了应付与整治相关情况，1983 年全国人大常务委员会通过的《迅速审判决定》，明确规定，如果犯罪分子的行为属于严重危害人身和社会公共安全等几大类犯罪，并且应当判处死刑的，在犯罪事实清楚、证据确实充分且民愤极大的情况下，审判必须及时和迅速，不受《刑事诉讼法》中关于送达期限的限制；前述犯罪被告人上诉和检察院抗诉的，期限由法定的十日改为三日。[②] 从内容上看，迅速审判的行为对象是具有严重社会危害性的犯罪，与现代意义上的刑事速裁程序、刑事简易程序等以轻微刑事犯罪为对象的制度存在较大差别。但从刑事程序的运作与简化之程度上看，实质与当前乃至域外的刑事快速审理程序一致。因此对于该决定，陈瑞华教授认为，尽管没有人明确对此加以定性，但这一"速决程序"实际上就是中国的刑事简易程序。[③]

程序公正和实体公正通常是相互促进的。[④] 速决程序（或称"严打程序"）制定的本身，是意图通过强大的国家暴力整治犯罪，以保障人权，维护社会的稳定，为国家的经济政治建设夯实快速发展的基础。这种现在看来极度严苛的做法对改善当时严峻的社会治安现实、遏制犯罪膨胀的情况而言有着积极的影响

① 《转型与承续：民国时期的刑事和解》，https://www.xzbu.com/4/view-4725930.htm。
② 《全国人民代表大会常务委员会关于迅速审判严重危害社会治安的犯罪分子的程序的决定》。
③ 陈瑞华：《刑事诉讼的前沿问题》，中国人民大学出版社 2000 年版，第 418 页。
④ 陈光中：《严打与司法公正的几个问题》，《中国刑事法杂志》2002 年第 2 期。

和重要的意义，在一定程度上维护了法律的尊严，实现了实体公正。但这并不能够否认其具有较大的缺陷。从宏观上看，速决程序诞生于法治经验不足的时期，对刑事政策的认识尚未清晰，因此一味强调通过严刑酷法追求犯罪的消灭，忽视了对轻微犯罪行为人的感化、教育和再生，也忽视了程序推进的正义价值，长此以往难免适得其反，不能实现真正意义上的司法公正和人权保护。从微观而言，速决程序本身存在以下缺点：第一，公权机关对速决程序的适用有极大的自由裁量权。《迅速审判决定》将"民愤极大"作为程序的适用标准。"民愤极大"是一种主观价值判断，并且与相关犯罪行为是否能够通过简易程序予以审理之间不具备相应的逻辑联系。同时，公安机关、检察机关和法院为了能够快速处理在一定范围内有较大影响的案件，容易导致冤假错案的发生，司法公正和罪刑法定等刑事法治理念受到侵蚀。第二，犯罪嫌疑人、被告人的诉讼权利被无形剥夺。速决程序为了满足对严重刑事案件的高效处理，允许突破《刑事诉讼法》规定关于送达及上诉期限的限制，导致犯罪嫌疑人、被告人理应享有的辩护权、上诉权以及获得律师帮助权等根本性诉讼权利形同虚设。第三，法院的中立裁判权无从体现。《迅速审判决定》将"应当判处死刑"作为适用速决程序的前提条件，实际上意味着对被告人定罪量刑的问题已经在庭审之前解决并得出了"应当判处死刑"的结论。实践中，当时公安机关、检察院和法院之间联系非常紧密，犯罪行为人、被告人的行为在庭审开始前已经有了预判，法院的中立裁判权形同虚设。这种越严重的案件越速决的做法实际上违背了审判活动的基本规律，导致相对轻微的案件反而集中了大量的司法资源，极易造成效率与公正两败俱伤。

## 三、我国刑事简易程序的立法规定

我国的刑事简易程序始设于1996年《刑事诉讼法》，并在2012年的修法及相关司法解释中得到了进一步的完善。为了提高诉讼效率，实现司法资源的有效配置，1996年《刑事诉讼法》的第一百七十四条至一百七十九条对刑事简易程序进行了规定，虽然仅有六条，但却抓住了简易程序的核心，对审判组织、控诉职能、庭审方式和审理期限进行了简化。根据法律的规定，简易程序适用于基层法院的一审刑事案件。在适用范围方面，立法规定了限于事实清楚、证据充分并且社会危害性较轻，最高可能被判处不超过三年以下有期徒刑的刑事犯罪案件。同时，立法明确了以简易程序处理的案件庭审的各个环节可以不受普通一审程序之限制，除判决宣告前被告人的最后陈述意见权利外，其他环节允许法官视具体情况缩短或省略。然而，尽管当时的简易程序实现了当事人诉讼权利的保障与法院及时有效审理案件的"双赢"，但仍然存在包括规范简陋、规则过粗在内等不足。随后，1998 年司法解释及 2003 年《关于适用简易程序审理公诉案件的若干意见》在操作层面对简易程序进行了更为细致的规范，不仅增加了不能适用程序的情形，以避免对程序效率的过分强调有损程序公正，还规定了当被告人自愿认罪且承认被指控之事实时，法官可以直接作出有罪判决。这些法释性文件虽然对当时立法设置的简易程序进行了一定的完善，但并没有从根本上解决我国简易程序种类单一、局限较大等关键问题。实践中，简易程序的适用率因其自身的缺陷一直未能达到预期目标，因此未能真正发挥繁简分流和节约司法资源的效用。此外，2003 年最高院、最高检和司法部联合制定并出台了《关于适用普通程序审理"被告人认罪案件"的若干意见（试行）》，允许法院在被告人认罪并且满足意见设定的条件时，直接省略普通庭审程序中的环节以提高案件处理的效率。但该意见所规定的程序并不是一种独立的简易程序，而属于"普通程序简化审"，只能被认为是刑事简易程序的补充和普通程序的简化，本质上仍然是普通程序。

2012 年《刑事诉讼法》的修订更加重视繁简分流体系的建构与完善。本次法律修订的思路，是通过扩大简易程序的适用范围，将司法资源根据被告人的认罪情况或案件事实、证据调查情况进行分配，从而适应当前大量纠纷涌入司法程序的现实需求，更好地平衡公正与效率的关系，保障诉讼中的人权。根据法律及其后颁布的司法解释之规定：第一，在审判组织方面，删除了简易程序"独任审判"的规定，允许根据案件的情况灵活采取独任或合议进行审判，但对于可能被判处三年以上徒刑的案件必须由合议庭进行审理；第二，在适用范围方面，将简易程序适用范围扩大至最高刑期不超过有期徒刑的所有案件，并明确规定了不能适用简易程序的情形；第三，在被告人诉讼权利保障方面，增加了审判人员应当就简易程序的适用及相关案件之事实询问当事人的意见、告知其相关的法律规定，确认在其无异议的情况下才能够适用简易程序；第四，在审理期限方面，在原条文"二十日"的基础上，增加了对于可能判处有期徒刑超过三年的可以延长至一个半月的条文；第五，赋予了人民检察院程序适用简易权，要求其在适用简易程序的公诉案件审理中也应当派员出庭。经过修缮后的简易程序在程序结构上更为合理，克服了原本的一些弊端，能够更好地适用刑事案件数量不断增加的需要，保证案件的审判质量和提高诉讼的程序效率。但客观地说，此次修改只是对原有刑事简易程序的适用扩大，并没有解决种类单一的固有缺陷，从成效上看，仍需创设更为简化的程序以更好地处理轻微刑事案件问题，从而提高繁简分流机制的实用性。

## 四、我国的刑事和解与不起诉决定

以《刑法》第三十七条“对于犯罪情节轻微、不需要判处刑罚的，可以免予刑事处罚”的规定为基础，我国《刑事诉讼法》在刑事简易程序之外，还对刑事和解与不起诉决定两项程序作出了规定。刑事和解程序于 2012 年《刑事诉讼法》修订时被立法正式采纳，对因民间纠纷引起的涉及公民人身、财产权利的轻微刑事案件以及除渎职以外的非严重过失犯罪所导致的公诉案件，行为人自愿认罪、被害人自愿和解的，双方当事人可以和解。刑事和解制度是我国调和制度在刑事诉讼领域的延伸，不仅契合了我国传统和合文化、“厌讼息讼”文化的内核[①]，还符合和谐社会理念之需要。同时，司法解释第五百零三条规定，行为人与被害人在公安机关、检察院调解下已经达成和解协议，并且全部履行的，而后又据此提起附带民事诉讼的，一般情况下法院不予受理。刑事和解制度在侦查阶段、审查起诉阶段及庭审阶段均可适用，能够有效地通过案件在不同阶段的分流以减轻后一阶段的处理压力，其本身是考虑到我国“熟人社会”的交往需要，并且对于社会危害性不大的刑事案件，在被告人已经真诚悔过与赔偿的情况下，被害人因相关行为所受到的伤害已经得以弥补，客观上可以实现节约司法资源和帮助行为人“再生”之效果。需要明确的是，刑事和解程序的适用是法定的范围，考虑到刑事犯罪本身性质是对公民权利、集体利益和国家社会的利益的侵犯，因此需要严格遵守，避免罪责不当的情况发生。

不起诉决定机制在 1979 年我国第一部《刑事诉讼法》中便有规定，比刑事简易程序与刑事和解程序更早为立法所认可。广义的不起诉决定包括公安机关的不予立案决定与检察院的不予起诉决定两方面的内容。根据《刑事诉讼法》及

① 潘金贵等：《轻微刑事案件快速办理机制研究》，中国检察出版社 2015 年版，第 160 页。

司法解释规定，公安机关、检察院在认为犯罪事实显著轻微、不需要追究的情况下，可以作出不予立案、不予起诉的决定；对决定不服的可以申请复议。作为刑事案件的侦查机关、审查起诉机关，公安机关、检察院对案件的情况必然有较为全面的了解，允许其作出不予立案、不予起诉的决定，能够及时有效地将不需要经过刑事诉讼处理的案件排除在司法程序之外，避免司法资源的浪费。需要说明的是，我国的不起诉决定由法定不起诉、酌定不起诉、存疑不起诉和附条件不起诉四种方式组成。其中，附条件不起诉是针对未成年人犯罪设置的；法定不起诉和存疑不起诉则是针对刑事案件未能满足起诉条件而设置的；酌定不起诉则是对于满足起诉条件，但检察机关对于轻节轻微的犯罪基于无需判处刑罚或可以免除刑罚的考量，从而作出不予起诉的决定。因此客观上说，《刑事诉讼法》所规定的刑事分流制度，只有附条件不起诉和酌定不起诉的方式能够被认为是速裁程序或者轻微刑事案件快速处理机制的组成部分。为了保证检察机关起诉权的规范行驶，最高人民检察院在《人民检察院刑事诉讼规则》及相关意见、批复中明确指出，对于酌定不起诉的案件应当经过上一级检察院批准，并且具化了不适用相对不起诉的情形[①]；对于附条件不起诉的案件，则应受到上一级检察院的监督。

## 五、轻微刑事案件快速处理的规范性文件

在程序分流的范畴内，轻微刑事案件快速处理机制存在两个方面的内容：一方面是对特定的构成犯罪的案件，在审查起诉前即决定终止诉讼，如撤销立案、不予起诉等；另一方面是在案件审判阶段，针对不同性质的案件，分别依据不同的方式方法进行审理，以通过分流案件实现分类审理和提升诉讼效率的目的。[②]从实践中看，轻微刑事案件数量在刑事案件总量中占据绝大部分比例，其本身也因为事实清楚简单、证据充分确实而更易于为检察院和法院快速处理。为了进一步提高刑事诉讼程序的效率，在1996年《刑事诉讼法》及其司法解释关于简易程序设置和完善的基础上，2006年底，最高人民检察院发布了《轻刑快办意见》，首次提出从检察院的工作机制简化改革入手，以更好地契合《刑事诉讼

① 潘金贵等：《轻微刑事案件快速办理机制研究》，中国检察出版社2015年版，第204~205页。
② 陈霖、赖积凯：《刑事“快立、快审、快结”制度构建之轻微刑事案件快速办理机制研究》。

法所》所提出的繁简分流目标，并且确立了我国轻微刑事案件快速办理机制，可以被认为是刑事速裁程序的雏形。该意见共十二条，具体对检察院快速办理轻微刑事案件程序的适用条件、适用范围、工作要求、运行机制和运行原则进行了规定。该意见要求检察院在适用《刑事诉讼法》办理轻微刑事案件的过程中，应当侧重通过内部工作流程的简化和办案期限的缩短来提高诉讼效率，而非依赖于法律对诉讼程序的压缩与省略，并且强调了公、检、法三机关的相互配合。同时，该意见明确了轻微刑事案件快速办理的对象限于案情简单、事实清楚、证据充分、适用法律确定的八大类案件①，最高刑期不得超过三年以下的有期徒刑，还需要满足犯罪嫌疑人、被告人自愿认罪的前提。该机制能够有效避免过多的司法资源耗费于犯罪情节轻微、社会危害性不大且行为人积极悔过的案件的处理，使原本短缺的司法资源更加捉襟见肘。此外，该意见在运行机制方面还存在一大亮点，即给予了检察机关的双向建议权，允许检察机关在审查逮捕和起诉的过程中，对认为可以进行快速办理的案件，建议公安机关及时移送审查起诉或建议人民法院适用简易程序审理，实际上将刑事简易程序适用的权力向审查起诉阶段适当提前。尽管从客观上看，该意见的内容相对概括，并且局限于检察机关审查起诉阶段工作流程的简化，但在当时来看，这种将轻微刑事犯罪集约、简化处理的理念对于提高刑事诉讼效率、体现宽严相济政策而言有着重要的意义。

随后，2012 年《刑事诉讼法》及司法解释的出台在提高繁简分流机制重要性、完善刑事简易程序和刑事和解程序的同时，也为轻微刑事案件快速处理机制提供了良好的环境。2014 年 6 月，最高人民法院、最高人民检察院、公安部、司法部联合制定了《速裁试点决定》，在全国 18 个试点地区开展刑事速裁工作。我国当前刑事速裁程序的适用的基础依据是 2014 年 8 月最高人民法院、最高人民检察院、公安部和司法部联合发布的《速裁试点办法》。该办法共十八条，从程序的适用范围、权力主体、启动方式、证明标准、运行规则、审查机制、激励机制和当事人权利保护等方面进行了规定。第一，在程序的适用范围方面，办法在强调当事人认罪的基础上，从正向和反向两个方面进行规范，避免某些社会影响恶劣的犯罪因法定刑幅度宽泛而通过速裁程序形成罪责不适应的后

① 即：（一）未成年人或者在校学生涉嫌犯罪的案件；（二）七十岁以上的老年人涉嫌犯罪的案件；（三）盲聋哑人、严重疾病患者或者怀孕、哺乳自己未满一周岁婴儿的妇女涉嫌犯罪的案件；（四）主观恶性较小的初犯、过失犯；（五）因亲友、邻里等之间的纠纷引发的刑事案件；（六）当事人双方已经就民事赔偿、化解矛盾等达成和解的刑事案件；（七）具有中止、未遂、自首、立功等法定从轻、减轻或者免除处罚情节的案件；（八）其他轻微刑事案件。

果。第二，在权力主体和启动方式方面，办法规定了辩护人、公安机关、检察院和法院均可启动或建议启动速裁程序，并可在条件允许的情况下设置专门的速裁办公室／法庭，通过流程的优化提高诉讼效率。第三，在证明标准方面，办法基于案件的刑事性质，坚持应当以事实清楚、证据充分为适用速裁程序的前提条件。第四，在运行规则和审查机制方面，引入司法行政机关量刑建议评估机制，并且强调对包括被害人在内的诉讼参与人意见的尊重，还为速裁程序与普通程序的转化提供了支持。第五，在激励机制方面，办法规定了对于有积极悔过表现以及取得被害人或者近亲属谅解的被告人，法院可以依法从宽处理，即通过适当降低刑罚激励被告人自愿认罪，促进速裁程序的适用。第六，在当事人权利保护方面，除要求适用需要征得当事人同意外，还引入了值班律师制度以为相关的当事人提供法律援助，并且赋予当事人在一定情况下申请不公开审理的权利。

2015 年，最高人民法院在《中共中央关于全面深化改革若干重大问题的决定》与《中共中央关于全面推进依法治国若干重大问题的决定》的基础上，制定了《关于全面深化人民法院改革的意见》，指出应当在立法机关的授权和监督下，健全轻微刑事案件快速办理机制，以保证经过简化的程序所追求的效率是建立在公正基础之上，同时要注意避免过度追求认罪认罚从宽适用而降低刑事法律威慑力的倾向。在此基础上，《关于进一步推进案件繁简分流优化司法资源配置的若干意见》的出台对繁简分流机制的构建提出了具体的要求。该意见是从审判程序整体出发提出，要求繁简分流的机制首先尊重司法资源的配置规律，以案件事实查明程度、法律适用难易程度和社会影响力的大小等因素为标准，构建“简案快审、繁案精审”的多层次诉讼体系，并且为不同程序之间的转换衔接留出必要的空间。同时，该意见要求程序效率的提升主要依赖灵活的工作机制，主要涉及立案环节的繁简识别、案件集中化与专业化审理、庭审环节的有条件简化、裁判文书的繁简分流、电子化工作及人案比调整等方式等方面。最为重要的是，该意见指出经简化的程序仍然必须以诉讼权利的保障为前提，保障当事人对诉讼的充分参与与知悉，以及强调被告人最后陈述权不可省略。综合而言，该意见实际上并没有强制性地对原先的诉讼程序进行大刀阔斧地修改，而是力求通过每一个环节的工作方法和硬件配备的完善来实现工作效率的提高，以求实现即便是在普通程序下诉讼效率也能得到较大的提升。

2016 年 11 月，最高人民法院、最高人民检察院、公安部、国家安全部和司法部联合出台了《认罪认罚试点办法》。该办法共二十九条，是在《速裁试点办法》的基础上明确了刑事速裁程序与刑事简易程序之间的衔接，并允许公安机关在一定情况下层报批准撤销案件。该办法以当事人权利保障为核心，强调程序的运用不能够背离以事实为依据、以法律为准绳的基本司法原则，指出从宽是在法律规定的幅度内从宽，不允许严重突破法律的情况出现。认罪认罚从宽制度从整体上赋予了权力主体较大的程序适用权，倘若不对之加以限制，则容易导致权钱交易等贪腐现象的出现。从权利保障方面，在保证犯罪嫌疑人、被告人获得有效律师帮助和最后陈述权的基础上，办法进一步要求应当听取被害人及其代理人的意见。而具结书签署的设置，为程序适用创设了书面的、可作为证据的依据。办法还规定了对于适用速裁程序的第一审刑事案件的上诉，可以不开庭审理，并且可以视情况改判。在权力主体方面，除既有的公安机关、检察院和法院外，加入了国安机关和看守所，使制度适用范围扩大和适用效率提升，还规定了较为严格的层级监督手段，避免放纵犯罪、违背公正底线的情况发生。此外，办法将人民法院、人民检察院、公安机关工作人员在办理相关案件中的刑讯逼供、暴力取证或者权钱交易、放纵罪犯等滥用职权、徇私枉法行为排除在外，对于相关行为要求必须予以追究，避免简化程序的滥用。

此外，还有相关内容可散见于其他法律法规、部门规章及法释性文件之中。

## 第二节　我国刑事速裁程序的产生背景

考察我国刑事速裁程序的产生背景，实际上是对程序诞生之社会必要性进行讨论。我国于 1996 年《刑事诉讼法》确立了刑事案件普通程序与简易程序的繁简分流机制，实现了诉讼效率的提高与司法资源配置的优化。然而，随着社会经济的发展、司法改革的不断推进，法律治理日趋完善，现有的繁简分流机制难以适应新时代打击犯罪、保障人权的需要，因此必须增添新的内容。具体而言，当前司法实践中出现的四个问题催生了刑事速裁程序。

## 一、刑法圈的拓展：轻罪案件的激增

刑事案件的增加，尤其是轻罪案件的激增，可以被认为是刑事速裁程序得以推广最为核心的原因。笔者认为，犯罪行为的出现，固然与社会阶层间的经济差异和法律意识相关，但在制度层面上首先需要考虑的应当是刑事立法对前述情况的影响。黑格尔曾经说过，如果社会本身是动荡不安的，就必须通过刑罚来确立样板。[①] 自改革开放以来，我国长期处于经济快速增长与社会迅速转型的阶段，社会不稳定因素增多。作为社会治理的重要手段，刑法需要进行适度的扩张，更多地介入规范社会生活的方方面面，以实现维护社会秩序与稳定、保护社会成员合法权益的目标。2011 年《刑法修正案（八）》将入户盗窃、扒窃、危险驾驶等违法行为纳入了刑罚处罚的范畴之内；2015 年《刑法修正案（九）》则进一步将醉酒驾驶、非法泄露公民个人信息、监护 / 看护义务人虐待老幼病残、强制猥亵男性以及使用虚假身份证等违法行为规定为犯罪。可以说，我国当前刑事立法正处于"轻罪刑罚化"的阶段。轻罪刑罚化的目的，主要是从我国当下的社会特质考虑，意图通过扩大刑法的适用范围，将刑罚目的定位于"积极的一般预防"[②]，强调刑罚规范对个人行为的规范与引导，使刑法法治适应转型中的中国的社会现实需要。

还需要注意的是，刑法圈的拓展，还包括对违法行为处罚政策的转变。2013 年，十八届三中全会在《中共中央关于全面深化改革若干重大问题的决定》中提出废除劳动教养制度，健全社会矫正制度。劳动教养是我国对苏联公权处罚制度的学习，最早引入于镇压反革命运动时期。1957 年国务院公布《关于劳动教养问题的决定》，以行政法规的形式确认劳动教养制度为非刑罚的行政处罚方式。然而在近半个世纪的司法实践中，劳动教养制度因其限制人身自由与强迫劳动的特性，常常被用于处罚不够刑罚却有一定社会危害性的违法行为。无需经过检察院的起诉和法院的审判，公安机关可自行决定对相关行为人处以最高期限可达四年的劳动教养。这也是劳动教养制度一直为社会诟病原因之所在。2013 年劳动教养制度被废除后，对原先可以通过劳动教养予以处理的违法行

---

① ［法］米海依尔・戴尔玛斯－马蒂著，卢建平译：《刑事政策的主要体系》，法律出版社 2000 年版，第 29 页。

② 周光权：《积极刑法立法观在中国的确立》，《法学研究》2016 年第 4 期。

为，如其社会危害性达到必须予以公权力惩罚的程度，就成为刑法规定的犯罪。这实际上导致了原本仅需通过治安管理处罚的行为现在却需要通过刑事追诉予以处理，客观上必然导致轻罪案件的激增。在这种情况下，倘若对轻微刑事案件的嫌疑人仍然按照一般刑事诉讼程序予以处理，必然会导致刑事审判资源的供不应求，不仅拖延了诉讼效率，还会对当事人合法权利造成损害。因此，必须通过刑事速裁程序的制度构建有针对性地处理轻微刑事案件，更好地实现刑事诉讼惩罚犯罪和保障人权的价值。

## 二、程序的正当化：司法资源的挤占

无论是近现代法治理念所倡导的人权保障，抑或是公正价值对于效率价值的绝对优势，指向的都是刑事程序正当化的问题，即当事人在刑事诉讼中必须享有一定的受保护的权利；政府当局只有遵守这些程序从而保障被告人的权利，才可以采取反对被告人的行为。① 可见，近代以来世界范围内的刑事诉讼制度改革过程，就是通过对程序法律的不断修正以实现程序正当化的过程，以保证司法公正的实现。所谓“司法公正”，主要包括实体公正与程序公正两方面。其中，实体公正强调审判结果能够准确再现案件真实与正确使用刑法规范；程序公正则表现为诉讼程序应当由中立的法官与平等的控辩双方形成的“等腰三角形”结构关系所推动。基于这种理念，我国《刑事诉讼法》在历次的修改中都十分注重对刑事诉讼参与人诉讼权利的保护，积极通过细化诉讼程序、提高当事人诉讼参与、增加当事人的诉讼权利等方式，增强当事人在刑事诉讼中的对抗性，改善当事人的诉讼地位。最显著的莫过于2012年修正的《刑事诉讼法》增加了大量当事人与辩护人等诉讼权利，包括赋予律师全面的阅卷权、申请调取证据权以及在审查批捕及死刑复核程序中提出意见等权利，同时还将“尊重和保障人权”和“不得强迫任何人证实自己有罪”等以明文形式予以确定。

然而，从经济学的角度看，任何社会活动的价值与目标的实现，必然要依赖于一定社会资源的消耗。刑事诉讼活动也不例外。刑事诉讼的司法资源，主要是指在刑事诉讼中为揭露、证实、惩罚犯罪和保障人权而由司法机关和诉讼参与

① 陈卫东、刘计划：《论刑事程序正当化》，《诉讼法论丛》1999年第00期。

人支付的人力和物力。[①] 可以说，任何一种刑事诉讼程序的启动，刑事诉讼程序中的任何一个环节的进行，都离不开司法资源的耗费。我们必须明确的是，前述之做法虽然强化了刑事诉讼程序中的人权保障，却也给司法机关的权力行使带来了较大的阻碍，使原本较为简便的诉讼程序变得越来越复杂和耗时，增加了司法资源在个案上的投入；同时，过多的程序异议权也造成当事人及其律师通过“合法不合理”的方式行使诉讼权利以拖延诉讼进程，无形中造成司法资源的浪费。而随着现代社会刑事犯罪的严重化和复杂化，倘若不能及时有针对性地设置与采用提高诉讼效率的程序，有限的司法资源和繁重的司法任务之间的冲突将会日益加剧，最终导致案件的严重积压与程序的重度迟延，犯罪打击力度被削弱。迟来的正义即非正义。在有限的司法资源下，应当充分通过程序分流设计与当事人诉讼主动性的强化，允许轻微刑事犯罪的行为人在知晓相关失权后果的情况下自愿认罪，使检察院、法院能在此基础上批量性地处理相关轻微犯罪行为，解除轻微刑事案件对司法资源的挤占，让更多的司法资源能够集中于重大疑难案件的处理，在公正的底线之上实现效率的提高。

## 三、“简者不简”：简易程序的功能不足

我国现阶段简易程序的简化力度与程序功能的不足是刑事速裁程序构建被提上立法议程的又一重要原因。正如前文所述，在刑事简易程序较为成熟的国家，从侦查到起诉到审判，一般存在两种以上的简易程序，既有独立的速裁程序，也有简化的刑事庭审。而我国以法律形式所规定的刑事简易程序只有当前《刑事诉讼法》第二百零八条至二百一十五条规定的最为狭义的一种。刑事简易程序立法宗旨在于通过繁简分流的程序设置缓解当时的诉讼压力，解决案多人少的矛盾。根据我国《刑事诉讼法》第二百零八条规定，对于属于基层人民管辖的案件，事实清楚、证据充分，被告人自愿认罪并且对所指控的犯罪事实及适用简易程序没有异议的，法院可以适用简易程序；检察院在提起公诉时可以建议法院适用。同时，第二百零九至二百一十五条则对不予适用简易程序的情形、简易程序的审理方式及特殊的审理程序、时限等问题进行了规定。

不可否认，刑事简易程序在设立之初一度较大地提高了我国刑事诉讼程序

① 陈卫东、王政君：《刑事诉讼中的司法资源配置》，《中国法学》2000 年第 2 期。

的效率，节约了一部分的司法资源。但是随着时代的发展，程序在运行中逐渐背离了当初设立的期望，并且逐渐不能契合当前刑事司法治理的要求。立法设置方面，我国当前的刑事简易程序种类设计形式非常单一，法律规定数量稀少。相较于域外独立的简易程序，我国的简易程序只是对庭审程序的简化，未对侦查、审查起诉等审前程序进行简化，整体简化力度并不足，办案时间依然较长；程序适用的标准较为片面与单一，仅限于罪行轻重，缺乏对案件的综合性考量，限制了简易刑事程序的效率提升功能；对于简易程序的适用，法律及相关司法解释并没有赋予被追诉人主动选择的权利，仅能够在检察院、法院向征询意见时表达自己的意愿，没有完整的程序选择权，在一定程度上也限制了简易程序的启动。在司法实践方面，现行法律在侦查、审查起诉环节的立法缺位导致刑事案件繁简分流实际上发生在庭审阶段。因此侦查机关在立案后，并没有根据案件类型、案情难易、证据是否充分以及嫌疑人是否认罪对案件进行分流，而是一概移送检察机关批准逮捕与审查起诉，这实际上削弱了简易程序的分流作用，不利于诉讼效率的提高。同时，负责审查起诉与案件审判的人员非专门化也是简易程序效率提升的一大阻碍。法官、检察官在日常工作中需要兼顾处理两种不同程序的案件，对于简易程序的案件也无法统一集中办理，效率的提高也只是相对而言。此外，随着简易程序适用范围的扩大，轻罪案件的上诉率有所提高。原因并非因法定上诉理由，而是因为被告人考虑到二审期间的三个月审限可以在判决生效前折抵之后自己刑期，进而避免前往监狱服刑，这在客观上造成了看守所的压力加大，增加了二审的几率，对提高诉讼效率不利。[①] 这些因素共同构成了当前简易程序“简者不简”的尴尬处境。因此，在完善现有刑事简易程序之余，有必要通过刑事速裁程序的增设以适应不同情况的轻微刑事犯罪，更好地提高诉讼效率。

## 四、员额制改革：“案多人少”的困境

员额制改革客观上造成“案多人少”的消极效应是推动刑事速裁程序出现与入法的最直接原因。2014 年员额制改革被作为重要内容纳入司法改革的规划之中，要求根据区域人口情况，按照以案定额、按岗定员标准配置不同层级的法

① 刘玫、鲁杨：《我国刑事诉讼简易程序再思考》，《法学杂志》2015 年第 11 期。

官、检察官，通过司法机构人员精简促进科学办案，实现司法资源的有效配置和落实司法责任制。然而，案件数量持续增长但法官、检察官人数减少的情况客观上却造成了“案多人少”的困境，法官、检察官不堪重负，造成司法系统的人员流失，进一步加剧了“案多人少”的局面。

**表 4—1　2011—2017 年全国法院刑事一审案件情况①**

| 年份 | 收案（件） | 同比增长 | 结案（件） | 结收比 |
|---|---|---|---|---|
| 2011 | 845714 | — | 839973 | 99. 32% |
| 2012 | 996611 | 17. 84% | 986392 | 98. 97% |
| 2013 | 971567 | -2. 51% | 953976 | 98. 19% |
| 2014 | 1040457 | 7. 09% | 1023017 | 98. 32% |
| 2015 | 1126748 | 8. 29% | 1099205 | 97. 56% |
| 2016 | 1101191 | -2. 27% | 1115873 | 101. 33% |
| 2017 | 1294377 | 17. 54% | 1296650 | 100. 18% |

早在 2014 年司法改革措施正式出台前后，我国法院刑事一审案件情况总体上保持稳中有升，而结案与收案比例在 2011 至 2015 年间则表现为缓慢下行。同时，一方面，从上表“同比增长”数据的变化中不难发现，刑事案件数量增加进一步扩大的趋势得到了充分体现。这从侧面意味着刑事审判任务逐步朝“井喷式”增长的方向发展。在员额制改革有序推进的前提下，司法办案人员精简趋势不可避免，倘若再不从程序上进行优化与简练，则会导致诉讼效率的进一步下降。另一方面，从《中国法律年鉴》对 2011—2014 年我国每年生效判决人数及判处部分刑罚人数的统计可见，我国每年判处缓刑、拘役、管制与单处附加刑的人数占全年生效判决人数的 40. 22%、42. 97%、45. 66%、46. 38%，呈现明显增加趋势；如纳入“三年以下有期徒刑”加以计算，则占全年生效判决人数的 74. 93%、76. 66%、80. 61%、82. 74%，已经反映了犯罪轻刑化的特征②。随着 2013 年劳动教养制度的废除、2015 年《刑法修正案（九）》的出台，刑法圈被进一步扩大，相当一部分原本仅被定义为治安违法的行为被纳入了刑法规范的范畴。2016 年，我国全年刑事生效判决人数 1220645 人，其中被判处缓刑、拘役、管制、单处附加刑及三年以下有期徒刑的人数共 1031868 人，占总人数的 84. 53%。这反映了当前我国刑事犯罪大多数社会危害性较小，案件的侦查结果能够做到事实清楚、证据充分，并且可能存在行为人自愿认罪的从轻处罚情形。

---

① 数据来源：统计年鉴分享平台，http://www.yearbookchina.com/index.aspx。

② 赵恒：《刑事速裁程序试点实证研究》，《中国刑事法杂志》2016 年第 2 期。

对于这类案件，可以通过比刑事简易程序更加简化的速裁程序予以处理。从犯罪行为的审前阶段开始，对于符合使用速裁程序的刑事案件，赋予侦查机关和检察机关适当的程序适用裁量权，同时允许法院对轻罪案件进行批量性处理，以减缓“案多人少”的矛盾，从程序简化与集约层面实现诉讼效率的实质性提升。值得注意的是，前表2016年与2017年“结收比”的数据“破百”意味着2014年启动的刑事速裁程序试点在历经一年多的初步探索后逐步成熟，刑事速裁程序的适用已经成为近年来刑事案件效率提升的重要原因。

## 第三节　我国刑事速裁程序的立法分析

2018年10月，新的《刑事诉讼法》修正案正式出台，此前有关速裁程序、认罪认罚从宽与值班律师等制度被立法正式采纳，为我国刑事速裁程序的发展夯实了根基。刑事速裁程序及与之相关的认罪认罚从宽、值班律师等制度在此次修法中被法律以明文的形式确定，虽然表现了立法者对两年多来试点实践工作成效的肯定，但更多是基于亟待解除大量轻罪案件对刑事诉讼资源占用的考量，以更好地兼顾效率与公平，缓解日益增长的案件数量与有限的司法资源之间的矛盾。故笔者认为，现阶段的刑事速裁程序建构呈现出应急性特点，尚未能够被认为是成熟的制度体系。因此，本部分将从修正案增加的速裁程序规定及与之相关的认罪认罚从宽及值班律师等规则入手作规范阐释，并在此基础上检讨现有制度可能存在的问题，以求为刑事速裁程序的后续解释和完善提供参考。

### 一、核心：2018年《刑事诉讼法》的规范诠释

2018年《刑事诉讼法》在其第三编“审判”的第二章“第一审程序”中新增第四节（共五条）对速裁程序进行了专门规定。第二百二十二条是对速裁程序的适用范围和审判方式进行了规定，明确了速裁程序适用的三项基本前提：第

一，被告人涉嫌的犯罪属于基层法院管辖范畴；第二，被告人可能适用的刑罚应当在三年以下；第三，被告人必须认罪认罚并且同意适用速裁程序。符合前述条件的，由审判员独任审理；此前第一百八十三条对审判组织规定的修改也对此作出了同步的回应。从条文表述中，不难发现，刑事速裁程序实际上是对刑事简易程序的进一步简化，因此其在诉讼管辖和审判组织方面直接援用了原简易程序下案情简单、证据确实充分时能够采用的审判方案，使程序的运用具备正当性的同时也使刑事审判更为简便和迅速。同时，在适用前提方面，该条是在《速裁试点办法》的基础上，采纳了经《认罪认罚试点办法》扩大的适用范围，使更多的轻罪案件被纳入了速裁程序的处理范畴，以期更好地发挥速裁程序对缓解现阶段司法资源紧张、有效提高刑事诉讼效率的效用。此外，从刑事诉讼原理来看，公诉案件程序设置与发展过程的核心之一，是保护被告人的合法权利免在强势公权力下受到侵害，起到保护被告人的尊严，从而获得被告人对诉讼结果的服从和社会对法官裁判的认可，发挥法律维护社会秩序的效用。而速裁程序对公诉案件审理环节的大量省略无形中削弱了保护被告人诉讼权利缺乏的屏障，实际上牺牲了被告人一定的程序利益。因此速裁程序的适用必须以被告人同意为前提。

第二百二十三条是通过反向列举的形式将六种不适宜采用速裁程序的情形排除在外，包括因自身原因可能导致诉讼能力不足的、案件有重大社会影响的、共同犯罪嫌疑人未就犯罪情况或程序适用达成一致的、附带的民事诉讼未能达成调解或和解协议的，以及其他不宜采用速裁程序审理的情形。这主要是因为前述情况的存在客观上增加了案件审理的难度，基于谨慎性和正当性的考量应当使相关案件在尽可能完备的诉讼程序中得到审理，避免因为程序省略使被告人的权利受到侵害，影响司法的权威。在《速裁试点办法》及《认罪认罚试点办法》中同样存在通过否定性列理据排除适用情形的规定，但相比而言，第二百二十三条的规定没有将被告人因为辩护人作无罪辩护、违反取保候审或监视居住以及存在累犯或教唆未成年人犯罪等情形排除在速裁程序的适用范围之外。这一方面强调速裁程序本身同样具备案件审理的功能，法官并不会因为被告人的认罪认罚而忽视对案件证据的审查，通过速裁程序同样可以使被告人得到罪责相等的裁判；另一方面则进一步表明了速裁程序的独立价值，使之不因被告人涉嫌的犯罪行为之外的因素而无法得到普遍适用。

第二百二十四条是在公诉程序构建的普遍程序规则基础上，声明速裁程序可以斟酌及必须完成的事项；其中前者是指速裁程序中有关送达、法庭调查和法庭辩论等内容可以不受第一审普通程序的规定，后者则是对辩护人意见及被告人陈述两个环节的强调，将其排除在了可以省略的程序环节之外，还规定了速裁程序应当以当庭宣判为原则。允许送达、法庭调查和法庭辩论等内容的不受第一审普通程序的限制，原因在于速裁程序对裁判速度的强调本身即是以对审判环节的简化为前提，遵守送达期限反而会导致程序延迟。同时，速裁程序需以被告人认罪认罚为前提，使法庭调查和法庭辩论环节的固定存在变得赘余。故立法赋予了法官对前述环节落实的裁量权力。而在必须完成的事项方面，该条在强调被告人最后陈述的同时，还将辩护人意见明确为程序中不可省略的环节。这对于刑事诉讼制度本身而言就是一种进步，能够补足被告人因为法律知识缺失而未及全面的主张表达，在审判程序大量简化的背景下更好地维护被告人的合法权益，避免被告人因对法律的错误理解而作出不理性的诉讼选择。而对当庭宣判的要求，则可被视为程序简化下的必然结果，使速裁程序不至于因裁判结果宣布的迟延而导致程序价值的减损。

第二百二十五条是对人民法院适用速裁程序的审理期限作出的要求，在受理后十日内审结的原则下，允许法官对可能判处一年以上有期徒刑的犯罪延长五日的审判期限。该条采纳的是《认罪认罚试点办法》中对速裁程序审限的规定，比《速裁试点办法》中的相关规定稍有延长。审限制度是我国诉讼制度的一大特色，该制度存在的意义在于兼顾公正与效率的关系，要求法官应当以耗费尽可能少的审判资源获得尽可能公正的裁判结果，同时避免被告人长期身陷于不稳定的诉讼状态之中以及被害人所渴望之正义无法伸张。允许法官在基本审限之外增加合理的审判时间，主要是考虑到自由刑的适用本身是对被告人自由法益的剥夺；而自由法益作为人的基本权利，应当得到更加慎重的对待。即使在被告人认罪认罚的前提下法官也应当对案件进行充分的审查核实，避免被告人受到超越其行为危害程度的惩罚。

第二百二十六条主要是对速裁程序适用的补充内容，将《速裁试点办法》规定在“不适用速裁程序情形”中有关被告人行为不构成犯罪或不应当追究刑事责任、被告人违背意愿认罪认罚以及被告人否认指控犯罪事实等情形，以及第二百二十三条中被排除在速裁程序适用范围外的情形，规定按照公诉程序或简易程序进行审理。该条实际上是对速裁程序与公诉程序、简易程序之间衔接的规定。速裁程序的适用以被告人的认罪认罚为前提。同时，定罪与量刑的妥善程度关系着刑事诉讼程序正当与权威的评价。在被告人对罪名予以否认、对量刑存在异议时，法官需要结合相关的证据材料、检察院的公诉意见及辩护人、被害人的意见作出综合审查、推理、判断和评价，需要耗费相对较多的时间与资源才能得到合理、合法且足以让人信服的裁判。这也充分反映了刑事诉讼制度“公正第一性、效率第二性”的价值坚守。

整体上看，《刑事诉讼法》对速裁程序规范的逻辑体系基本上沿用了其对简易程序规范的模式，侧重对程序的适用范围进行声明与强调，并且关注对被告人诉讼权利的保障，避免经过简化的程序被法官滥用，对司法裁判公正造成损害。但与简易程序相比，速裁程序既有进步性，也存在一定的漏洞。速裁程序的进步性表现在对当事人辩护权保障的强化，对辩护人意见的参考从《速裁试点办法》与《认罪认罚试点办法》中被立法直接采纳，能够有效降低速裁程序因为简化审理而给当事人增加的法律风险，使程序及结论的公正性更加经得起社会与时间的考验。而漏洞则表现在对检察院派员出庭规定的缺失。立法在对简易程序进行规定时，对检察院应当派员出庭进行了强调。这主要是考虑到简易程序中在法官认为必要的情况下控辩双方存在展开辩论的情况。同理，根据目前立法的意旨，书面审理尚未得到立法的认可；在此情况下，适用速裁程序的案件也需要以开庭的形式进行处理。尽管当事人已经在正式开庭前作出了认罪认罚的表示和同意了速裁程序的适用，但在辩护人辩护意见的发表，无论是从理论抑或实践上看都存在控方预备的逻辑必要。另外，从流程规范性来看，简易程序要求被告人对程序的适用不存在异议，但在程序上仍然规定了法官在正式开庭时应当确定被告人对简易程序适用的意愿；然而在程序更为简化的速裁程序中却既没有诉前认可的书面文件，又缺乏庭审阶段的必要询问。就简易程序与速裁程序的规定来看，被告人程序适用意志直接决定了相关程序及结论是否具备正当性，对该问题确认的重要程度并不亚于被告人的最后陈述，值得立法者在后续的制度完善中审慎斟酌。

## 二、辅助：认罪认罚从宽及值班律师的规定解读

除专门对速裁程序进行规定外，修正后的《刑事诉讼法》还对《速裁试点办法》和《认罪认罚试点办法》等轻罪快速处理文件中的重要内容进行了合理吸

收；其中最为耀目的莫过于认罪认罚从宽理念和值班律师制度在立法上得到了充分的认可，这也为速裁程序功能的充分发挥提供了必要的准备与支持。

在认罪认罚从宽方面。《刑事诉讼法》第一百二十条第二款在原第一百一十八条第二款规定的侦查人员讯问犯罪嫌疑人时应当告知的内容中，增加了“诉讼权利”和“认罪认罚法律规定”两项；第一百六十二条在原第一百六十条的基础上，增加了第二款，特别规定犯罪嫌疑人自愿认罪的，侦查人员应当记录在案，随案移送并在起诉意见书中写明相关情况；第一百七十三条在原第一百七十条对检察院审查案件时展开的讯问活动内容基础上进行了相应的调整，对于认罪认罚的犯罪嫌疑人，检察院一方面需要告知其有关诉讼权利和认罪认罚的法律规定内容，另一方面需要听取并记录相关人员就犯罪嫌疑人涉嫌的犯罪事实、罪名、适用的法律规定、从宽处罚的建议、认罪认罚后案件审理适用程序及其他等事项之意见；新增第一百七十四条规定，对于自愿认罪且同意量刑建议和程序适用的犯罪嫌疑人，在其辩护人或值班律师在场的情况下签署认罪认罚具结书，并规定了不需要签署认罪认罚具结书的情形——但相关情形应当定义为“不应当”是不是更为妥当，笔者认为值得商榷；第一百七十六条在原第一百七十二条基础上增加第二款，规定犯罪嫌疑人认罪认罚的，检察院应当出具全面的量刑建议，并随案移送包括具结书在内的材料；新增第一百八十二条则具化了从宽的标准与范围，意味着犯罪嫌疑人可以因为认罪认罚与如实供述所产生的有利效果在侦查或审查起诉阶段得到部分或全部的追诉豁免，客观上能够产生激励犯罪嫌疑人认罪认罚、如实供述；第一百九十条在原第一百八十五条基础上增加第二款，一方面规定审判长对认罪认罚的被告人告知其享有诉讼权利与认罪认罚法律规定的义务，另一方面则规定了被告人认罪认罚情况下审判长的审查范围，包括被告人认罪认罚自愿性和具结书内容的真实性、合法性；新增第二百零一条则一方面规定了法院在认罪认罚案件的裁判中对检察院指控的罪名和量刑建议的采纳，另一方面也规定了除外情形。从前述修改中不难发现，首先，认罪认罚从宽的理念贯穿于刑事诉讼程序侦查、审查起诉和审判的全过程，这为速裁程序的适用创造了充足的准备，尤其是具结书的签署和量刑建议的规范能够为速裁程序及其结论的正当性与合理性提供更充分的支撑；其次，现有规定不仅设置了认罪认罚从宽的激励机制，还为法官对认罪认罚从宽情形肃清了审查范围，使该理念具备落实与运用的前提，客观上促进了速裁程序的良好适用；最后，要求法官对认罪认罚案件的裁判原则上应当采纳检察院指控罪名和量刑建议，这是考虑到大部分能够适用认罪认罚的案件可以通过速裁程序或简易程序得到快速处理，法官对案件情况的理解基本是建立在侦查机关和检察院的书面材料之上，并且只对程序适用标准和定罪量刑关键问题进行重点审查。因此可以说，认罪认罚从宽理念在《刑事诉讼法》中能够得到吸收，对速裁程序而言有着重要的意义。

在值班律师方面。修正后的《刑事诉讼法》新增了第三十六条，规定法律援助机构可以在法院、看守所等场所派驻值班律师；在犯罪嫌疑人、被告人没有辩护人的情况下，由值班律师为其提供必要的法律咨询、程序选择建议、申请变更强制措施以及就案件处理情况提出意见；法院、检察院和看守所均有告知犯罪嫌疑人、被告人约见值班律师的权利及提供相关便利之义务。从《刑事诉讼法》的体例来看，第三十六条关于值班律师的规定位于该法的总则部分，这意味着值班律师在刑事诉讼活动能够得到普遍适用，为值班律师参与速裁程序预设了前提。第一百七十三条、第一百七十四条在对认罪认罚从宽机制适用进行规范时，对值班律师的在场、意见及内容作出了特别强调；从并列内容来看，立法实际上赋予了值班律师与辩护人同样的法律地位，这有利于更好地实现刑事诉讼制度对犯罪嫌疑人、被告人的权利保障，加固社会对司法制度公正与权威的认可，同时也为速裁程序的运行创造了良好的环境，减轻程序简化和选择带来的法律风险。

## 三、检讨：现有立法亟待完善的问题

在前述的制度介绍与规范阐释的基础上，不难发现，当前的刑事速裁程序完成了相对体系化的建构，强化了检察机关在程序适用中的地位，遵从了《刑事诉讼法》打击犯罪、保障人权的制度目标与宽严相济的刑事政策理念，通过比刑事简易程序更为简化的程序处理轻微刑事案件，对提高案件处理效率、缓解案多人少的矛盾有着积极的意义，客观上还丰富了简易刑事程序的种类，优化了繁简分流机制。但笔者认为，现阶段的刑事速裁程序建构距离制度化完善仍然存在一定的距离。具体而言，在规范层面仍然存在以下问题有待检讨和完善。

### （一）程序的法律定位存在认知偏差

刑事速裁程序的法律定位问题可以被认为是其自身发展所必须解决的问

题，关系程序的适用范围与边界定位。2018 年《刑事诉讼法》将速裁程序视为刑事第一审程序的组成，明确了其审判程序的本质定位；同时从其与侦查阶段、审查起诉阶段的规范关联程度来看，速裁程序实际上属于刑事诉讼制度中轻微刑事案件快速处理机制的核心组成。但在具体法律适用规范方面，笔者在签署整理归纳的工作过程中发现，在 2014 年《速裁试点办法》中，刑事速裁程序的适用范围为十一项特定罪名下最高刑罚不超过一年有期徒刑的犯罪行为。尔后，由于我国实践中长期将“有期徒刑三年”作为衡量犯罪性质轻重的标准，理论界和实务界大多呼吁应当扩大速裁程序的范围，以契合我国刑法量刑定格，故在随后出台的《认罪认罚试点办法》中，一则取消了对刑事速裁程序适用罪名的限制，二则将适用范围提高至最高刑罚不超过三年有期徒刑的犯罪行为；这被直接沿用到 2018 年《刑事诉讼法》的速裁规则之中。然而，根据我国《刑事诉讼法》的规定，刑事简易程序适用于所有罪名案件，其中最高刑罚在三年有期徒刑以下的由法官独任处理，其余则由合议庭审理。这一扩大直接导致对于最高刑罚不超过三年有期徒刑的犯罪行为可以同时适用刑事速裁程序和刑事简易程序，反倒给程序的适用造成了模糊不清的局面。笔者认为，这个问题主要是在于立法者与司法者对速裁程序的法律定位存在认知偏差，同时错误地理解了繁简分流程序构建的路径。在原速裁程序的适用范围下，十一项特定罪名下最高刑罚不超过一年有期徒刑的犯罪行为尽管同样可以由简易程序予以处理，但由于速裁程序的规定更为特殊，以“特别法优先于一般法”之理念，可推导出速裁程序对于相关案件能够优先适用。但经过认罪认罚从宽制度的扩展，对于最高刑罚在三年有期徒刑以下的案件处理出现了刑事速裁程序与刑事简易程序的重合，并且原“特别法优先于一般法”理念的适用情形不复存在。从实践中看，现阶段的刑事简易程序与刑事速裁程序均是对普通程序庭审阶段的简化，对于简化的力度尚未表现出明显的区别。这会导致刑事速裁程序的法律定位、具体适用、何者优先以及程序的选择与转化问题等必然会存在疑虑。从域外的经验上看，繁简分流机制的构建并非一蹴而就，而是在对不同轻重程度的案件实现无重合区分化处理的基础上，根据现实情况加以调整，才呈现出当前专门化前提下偶有交叉的表现。基于此，本书认为，立法未来在对速裁程序进行完善时，可增加书面审方式专门针对“最高刑罚不超过有期徒刑一年”的案件，并适当限制适用罪名，避免其与简易程序存在过多的交叉。此外，还需要明确，认罪认罚从宽制度实际上是一种理念性的制度，它可以在任何刑事审判程序中适用，但其本身不具备独立性。

## （二）现行证明标准的合理性有待考量

现行证明标准的合理性问题可以被认为是当前速裁程序规范的立法空洞。我国刑事法律体系在证明标准问题上向来持“排除合理怀疑”的观点。在此观点的指导下，尽管刑事速裁与认罪认罚从宽的相关规定中将“事实清楚、证据充分”作为程序适用的先决条件，但是在证明标准方面并没有得到明示，因此实践中，刑事速裁程序的证明标准仍然按照“排除合理怀疑”执行。然而，作为比简易程序更为简化的程序，速裁程序在建构上大量简化了庭审环节，主要采用书面审理的方式进行。区别于普通庭审程序，书面审理因庭审环节的省略导致律师较难全面、系统地发表意见，法官主要是根据控方提供的案件事实、证据形成确定的心证；同时，从速裁程序运行的效果上看，法院审理的核心并不是犯罪事实的认定，而是被告认罪的自愿性与量刑的情节等问题。故侦查机关、检察机关在认为案件可以适用速裁程序时，相关证据的组织围绕的重心是被告认罪的自愿性与量刑情节问题。由于速裁程序的处理对象是轻微刑事案件，并且在程序启动前已经获得了被告的自愿认罪，因此侦查机关在证据的收集方面可能会出现“印证不足”的问题。[①] 法官实际上是根据被告人的自愿认罪供述来对案件事实作出判断，侦查机关提交的相关证据仅仅是对相关犯罪行为的一种辅助性作证。倘若在当事人已经认罪的情况下，在案件审理中仍然过分强调“排除合理怀疑”，要求侦查机关、检察机关向法院提供的证据能够与案件事实之间形成对应无误的证明关系，无异于在非认罪案件中对被告是否有罪之事实必须通过证据链条构建严丝密合的逻辑推理。如此必然会对轻微刑事案件的迅速处理造成阻碍，在侦查和审查起诉阶段所需的司法资源也不能得到节约，客观上违悖了刑事速裁程序的机制目标。而从刑事速裁程序的理念出发，笔者认为，在程序的启动建立在被告有罪答辩的前提下，被告认罪的真实性、自愿性是法院速裁审理中的重点，相关证据主要围绕被告供述真实性、自愿性以及认罪后的量刑问题展开，并不需要就犯罪事实的存在达到“充分印证”的程度。具体而言，即对于被告人供述之自愿性遵从“排除合理怀疑”、对于定罪量刑之事实降低至“大致心证”的“双轨制”证明标准[②]，是在法律规定的限度内充分发挥刑事速裁程序

---

① 高通：《刑事速裁程序证明标准研究》，《法学论坛》2017 年第 2 期。

② 吴小梅：《浅谈我国刑事速裁程序的证明标准问题》，https：//mp. weixin. qq. com/s/aJTPgyfDOcBqqbfQa98YnA。

效用的最优选择。

### （三）程序的简化未能全流程体现

从域外的相关制度上看，其刑事速裁机制所简化的环节，不仅限于审判阶段，还对侦查、审查起诉以及裁判的监督阶段进行了相应的简化。在对域外相关法律制度的考察中不难发现，大部分国家的刑事速裁制度建构充分发动了侦查、检察和法院三个环节的共振，并且对于裁判的监督主要以有条件启动上诉、抗诉或再审为原则。反观我国的程序简化规定，为数不多的条文集中于对程序的原则和案件审理方面进行规定，对案件侦查、审查起诉和裁判监督三个方面的关注相对较少，为刑事诉讼效率的提升留有加大的空间。在案件侦查方面，现有规定仍然处于“一刀切”阶段，不仅没有赋予公安机关为提高效率可酌情更改法定程序的权力，对于刑事案件的办理也尚未根据案件的轻重繁简有效分流，导致在大部分情况下，轻微刑事案件的侦查与其他案件采取同样的固定侦查模式办理，无疑是对司法资源的浪费。在审查起诉方面，尽管最高人民检察院针对轻微刑事案件的快速办理出台了相应的意见，但该意见本质上并没有对检察机关审查起诉环节进行任何简化，只是要求其通过工作机制的改革使办案期限能够较法定的办案期限提前，从而实现“效率的提高”。但这种做法并没有反映刑事速裁程序建构的本质特点，只是在一定程度上缓解了“案多人少”的矛盾。而在裁判监督方面，当前对于适用速裁程序处理的案件之裁判，其上诉、抗诉主要是依照《刑事诉讼法》中普通程序裁判的相关规定进行。根据《刑事诉讼法》的规定，在没有特殊规定的情况下，对于刑事上诉、抗诉案件，不考虑其一审裁判所使用程序之性质，均按照普通程序裁判上诉、抗诉处理。尽管当前各试点速裁程序的裁判上诉率普遍维持在较低水平，但客观上看，这仍然为刑事诉讼当事人通过程序的监督与救济机制拖延诉讼、迟延履行等行为创造了可乘之机。从法律的稳定性而言，法令的制定尽管应当切合实际的需要，但同时应当具备预见力，以更好地适应司法实践的需要。笔者认为，刑事诉讼关系被告人人身自由和财产予夺，剥夺其上诉权并不合理，但考虑到速裁程序的适用是基于被告人认罪的缘故，引入有限上诉/抗诉制度，或更有利于诉讼效率和程序公正的平衡。

### （四）当事人诉讼权利之保障仍有缺陷

不可否认，刑事速裁程序及认罪认罚从宽制度在规范层面十分注重保障当事人的诉讼权利，允许当事人就程序的适用发表意见，并引入了值班律师制度为当事人提供法律帮助，避免当事人的诉讼权利因程序的简化受到减损。但相较于域外成熟的刑事速裁制度而言，这种保障仅仅是一种初级的、形式化的保障，就权利实质性行使而言仍存在较大的缺陷，主要表现在当事人的程序选择权和获得律师帮助权两个方面。第一，当事人获得律师帮助权。现有规定对值班律师提供法律援助做法的引入，在一定程度上能够帮助被告人理解刑事速裁与认罪认罚的相关程序后果，对于被告人的权利保护有着重要的意义。但是，值班律师与辩护律师对于被告人的权利保障效用而言，仍然有着较大的区别。我国的值班律师不享有辩护律师的诉讼权利，呈现“见证人化”的倾向，其存在的目的单纯是为了对虚假认罪认罚行为的预防以及保证速裁程序的正当性、合法性，并不涉及对被告人诉讼权利保护的考量；而辩护律师则是从被告人的合法权益保障出发，通过行使其独立的诉讼权利，为被告人争取最大的诉讼利益。刑事速裁在程序上的简化必然会带来被告人诉讼权利的相应减损，表现为法庭质证、辩论环节的大幅度省略，实际上无异于被告通过相关诉讼权利的放弃换取一定的量刑优惠。作为专门知识的掌握者，辩护律师比一般被告更能够理性评估案件是否应当通过速裁程序予以处理，能够更好地保障被告的合法权益。域外刑事速裁程序较为成熟的国家基本采取的是律师强制辩护的方式。此外，当前规定的律师帮助权主体相对狭窄，忽视了被害人在获得律师帮助权上的需求，这并不利于被害人权益的充分保障。第二，被告人的程序选择权。当前相关的规定，一是允许公安机关、检察院和经被告人同意的辩护人对速裁程序的适用提出建议；一是犯罪嫌疑人向看守所工作人员或辩护人、值班律师表示认罪认罚的，相关人员应当及时书面告知办案单位。尽管辩护人在某种程度上代表了被告人的意志，但是事实上被告人自主选择程序适用的权利仍然应当受到尊重。在被告人没有辩护人的情况下，如何表明自己对程序适用的意愿成为较大的问题；而被告人的认罪认罚不等同于被告人愿意适用速裁程序。被告人作为程序的主体，应当对程序的适用享有主动的决定权，而非被动地去接受或者拒绝。这对于速裁程序中的控辩平等理念的贯彻有着同样重要的意义。

# 第五章
# 我国刑事速裁程序的实践探讨

法律不仅仅是书本上的法，更是实践中的法，法律实证研究范式在现代法学研究中的地位越来越突出。尽管以法律文本为研究对象的法教义学是基本的研究范式，但其自身却存在着难以克服的缺陷：法律条文作为研究本源，而基于社会、文化、经济等元素的改变会在实践中呈现出不同的面相，甚至与立法目的产生一定程度的偏差。而“法律实证研究能够从体系外的视角检验现行法律的实践效果，起到发现问题、指明方向的作用”[①]。可见，法律实证研究具有重要的补强意义，能够让我们能够更加全面、科学、准确地把握法律规范及其相关原理。在此意义上，本章对我国刑事速裁程序的试点情况进行全面梳理和分析，旨在对未来的改革优化提出有益建议。

## 第一节　我国刑事速裁程序的试点效果

### 一、试点地区的总体成效：基于大数据的统计分析

全国人大常委会于 2014 年 6 月 27 日通过关于在部分地区开展刑事案件速裁程序试点的决定，“两高”随后于同年 8 月共同颁布《关于在部分地区开展刑事案件速裁程序试点工作的办法》，我国刑事速裁程序试点工作由此拉开序幕。在前两个文件的指导下，北京、天津、上海、重庆等 18 个试点城市纷纷研究制定了刑事速裁程序的相关施行规则，刑事速裁程序在我国司法实务界迅速发展。在 2018 年刑事速裁程序正式纳入《刑事诉讼法》之前，我国一些地区的司法机关已建立了轻罪快速办理机制，并且运用该程序办理了数量可观的案件，一定程度上缓解了我国面临的刑事案件不断积压的困境，取得相当成效，也为其正

① 左卫民：《挑战与回应：关于法律实证研究的若干阐述》，《中国法律评论》2018 年第 6 期。

式立法积累了有效经验。但是另一方面，刑事速裁程序作为我国新进引入的司法诉讼制度，又与我国本土司法环境存在差异，在试点过程中也不可避免地产生了一些问题。在此，本书将从诉讼效率、被告人的人权保障以及案后上诉情况来分别阐述我国刑事速裁程序在试点地区的实践效果。

提高诉讼效率、缓解案件压力是我国构建刑事速裁程序最直接的目的。中国法律年鉴数据显示，2006 年全国一审刑事积案为 1066 件，随后这一数字成倍数迅速增长，在 2011、2012、2015 年，这一数字依次增长为 5741、10219、27700 件。一般违法行为的刑事犯罪化内在地促成了这一趋势的形成。2011 年《刑法修正案（八）》将多种罪名的入罪门槛降低，同时规定危险驾驶入刑，从而扩展了刑事犯罪的内容，造成刑事案件多罪化与轻罪化并存的局面。据统计，《刑法修正案（八）》实施后，全国刑案总数中的 43% 为一年以下监禁刑案件，而从立法角度来说，我国刑法共有 468 个罪名，“三年以下有期徒刑”的罪名占 235 项，比率多达 67.7%。① 另外，2011—2014 年，我国每年判处缓刑、拘役、管制和单处附加刑的人数占每年总生效判决人数的比例，分别为 40.22%、42.97%、45.66%、46.38%，均保持在 40% 以上。② 若将我国判处三年以下有期徒刑与判处缓刑、拘役、管制和单处附加刑的案件综合考量，则该部分在实际的司法实务之中占到刑事案件总数的 80% 以上。可见，我国刑事司法实况中的大部分案件为轻微刑事案件，而这部分案件占据了大量的司法资源，妨碍了重案大案的办理，阻碍了我国司法资源的合理配置。刑事速裁程序的直接目的正是处理这部分数量多、案情小的轻微刑事案件。

自刑事速裁试点以来，刑事速裁试点的基层法院、检察院共计 183 家③，后期增加基层检察院达 212 个④。至 2015 年底，有 31000 余件案件在试点地区被请求启动刑事速裁程序提起公诉，占同期结案总数的 15% 左右。⑤ 在适用刑事速裁程序办理案件的类型方面，以盗窃罪、危险驾驶罪、交通肇事罪、诈骗罪、毒品犯罪案件居多。其中在具体刑罚上，判处有期徒刑的速裁案件约占 25%，平均刑期为 7.8 个月；判处拘役的速裁案件约占总数的 70.8%，平均刑期为 2.6 个月；适用缓刑的约占 42.8%，适用取保候审的案件约占 37.4%，适用监视居住

① 洪浩、寿媛君：《我国刑事速裁程序迈向理性的崭新课题》，《法学论坛》2017 年第 2 期。
② 赵恒：《刑事速裁程序试点实证研究》，《中国刑事法杂志》2016 年第 2 期。
③ 《最高人民法院、最高人民检察院关于刑事案件速裁程序试点情况的中期报告》。
④ 赵恒：《刑事速裁程序试点实证研究》，《中国刑事法杂志》2016 年第 2 期。
⑤ 刘冠南等：《广州“刑事速裁”试点走在全国前列》，《南方日报》2015 年 9 月 16 日。

的约占 1.1%。从全国范围来看，截至 2015 年底，适用刑事速裁程序的案件中判处非监禁刑的比例为 36.88%。通过以上数据可见，刑事速裁程序在办理轻微刑事案件中发挥了重要作用，已成为相关试点地区处理轻罪案件的重要组成部分。但另一方面，刑事速裁程序的适用相比起其应有适用范围而言还远远不足。以试点法院判处一年以下有期徒刑的案件来说，其中适用刑事速裁程序办理的刑事案件只占总数的 30.7%，即尚有接近 70% 属于刑事速裁适用范围之内的案件没有适用该程序处理。①

刑事速裁程序从审查起诉到审结的平均周期，相比同期其他程序的诉讼效率有显著提升。在检察机关方面，《速裁程序试点办法》确立了 8 个工作日之内决定是否提起公诉的规则，大大减少了检察机关审查起诉的周期。以具体实践情况为例，辽宁省沈阳市大东区检察院的适用速裁程序案件的平均审查周期为 4 天②，北京市房山区检察院为 7 天③，山东省青岛市平度区检察院为 5.5 天④，相较之刑事案件普通程序与简易程序的审查周期取得巨大进步。据相关资料显示，刑事速裁程序启用至今，试点地区检察机关审查起诉的平均周期从 20 日大幅减少至 5.7 日。就审判机关而言，适用速裁程序的刑事案件在结案时间上也有较大缩减。最高人民法院对 13 家试点法院的抽样统计结果显示：2015 年 1 月至 6 月，刑事速裁案件 5 日内审结的占 41.89%，5~10 日内审结的占 52.38%，10~20 日内审结的占 5.73%；而对比简易程序，这一数字依次为 9.91%、25.97%、55.45%，另外，在 20 日以上区间，还存在 8.67% 的占比。另据资料显示，适用刑事速裁程序办理的案件平均审理期限仅为 6 天。其次，在庭审方面，速裁程序的平均庭审时间在 10 分钟以下，而简易程序与普通程序的平均庭审时间为 21 分钟和 71 分钟，三者形成鲜明对比。再次，速裁案件的当庭宣判率达 95.16%，亦比简易程序要高出 19.97 个百分点。⑤ 因此，根据试点情况，以刑事速裁程序处理的案件从审查到审结的平均周期仅为 11.7 天，相比同期其他程序诉讼效率取得显著提升。但是，《刑事诉讼法》规定犯罪嫌疑人被逮捕后侦查羁押期限不超过 60 天，而试点地区速裁案件从逮捕到审查的平均周期为 50 天

---

① 《最高人民法院、最高人民检察院关于刑事案件速裁程序试点情况的中期报告》。
② 《刑事速裁有多快？大东区检察院审查起诉平均用 4 天》。
③ 《5 天结一案：房山刑事速裁既快又准》，https://www.sohu.com/a/19586208_117927。
④ 《平度检察院轻微刑事案件审查起诉期限缩短为 5 天》。
⑤ 《最高人民法院、最高人民检察院关于刑事案件速裁程序试点情况的中期报告》。

左右。[①] 综合上述情况，如果将审前羁押时间计算入内，其实速裁程序的效率价值并不明显。

在被告人接受的法律援助方面，试点地区的情况并不乐观，律师援助制度、值班制度与辩护律师参与制度等配套设施尚不完善，被告人对于判决合法性的解读能力缺失，权利保障遭受侵害。据《速裁试点中期报告》显示，为保障被告人的合法权益，试点地区的司法行政机关创建了律师库，并在试点法院、看守所设立法援站 342 个，在 17177 件案件中为嫌疑人、被告人提供援助 20930 人次，委托调查评估 3597 件。相比之下，同期的速裁程序结案案件为 15606 件，获得法援人数为 16055 人次，与前述数字相比，得到法律援助的案件不过总数的 58. 9%。[②]

在案件上诉方面，刑事速裁程序在试点地区的上诉率并不高。全国范围来看，2015 年，1657 件刑事速裁案件中 33 件被抗诉，检察院抗诉率、附带民事诉讼原告上诉率为零，被告人上诉率为 2. 1%，低于简易程序 2. 08%，而相比于全部刑事案件的抗诉率而言，更是低了 9. 44%。[③] 以济南、青岛两市为例，试点以来该地区 21 家基层法院办理速裁案件 2228 件 2293 人次，抗诉率为 1. 74%，低于平均水平。[④] 另外有调查显示，被告人提起上诉的原因并非是对于刑法不满，而更多的是一种司法技巧，通过上诉以达到缩减在狱服刑的目的。[⑤]

总的来说，刑事速裁程序在试点地区的运用，对于节约司法资源、提高诉讼效率起到了积极作用，缓解了刑事案件司法诉讼的压力，为刑事案件的快速办理开创了良好路径。特别是当刑事速裁程序的适用范围从“一年以下有期徒刑”扩展到“三年以下有期徒刑”以后，其处理轻罪案件的作用迅速增强，更加契合刑事司法圈扩大的需要，在试点地区获得了迅速发展。但另一方面速裁程序在一些地区依旧存在适用保守、落实不够的情况，适用率尚存一定的进步空间。另外，该程序的相关配套制度设施亦欠于完善，司法程序的合法性无法完全落实，被告人的基本权利得不到有效保障，这都为速裁程序的试点施行带来了新的问题和机遇。

---

① 李本森:《刑事速裁程序试点研究报告——基于 18 个试点城市的调查问卷分析》,《法学家》2018 年第 1 期。

② 《最高人民法院、最高人民检察院关于刑事案件速裁程序试点情况的中期报告》。

③ 赵恒:《刑事速裁程序试点实证研究》,《中国刑事法杂志》2016 年第 2 期。

④ 《山东刑事速裁为审判工作提速增效》,《人民法院报》2016 年 1 月 11 日。

⑤ 赵恒:《刑事速裁程序试点实证研究》,《中国刑事法杂志》2016 年第 2 期。

## 二、试点代表城市的实践情况：基于实地调研的结构分析

自2014年“两高两部”颁布《速裁试点办法》以来，各试点地区在该文件的指导之下，均纷纷制定了本地化的试点规则。在各试点城市，因种种因素的共同作用，刑事速裁程序的实地实践效果存在着一定差异。这种差异既表现为城市与城市之间实践情况的效果不一，又体现在各地实践与原定规划操作上的不同。

在刑事速裁程序的适用范围上，实践试点中存在两种情况，一是严格按照中央规定将其适用于既定范围之内，另一种则在既定范围之上尝试了实践突破。对于第二种情况，有学者以华东H市L区（《L规则》）、华南G市H区（《H规则》）、华南X市S区（《S规则》）三地的试点规则为研究对象，对这三个地区的速裁试点规则进行样本阐释，以透析刑事速裁程序在基层实践中的制度样态和程序运作。首先，《L规则》要求案件必须具备“证据确实充分”的性质，并且将“重大社会影响、社会关注度高的案件”列入了刑事速裁程序所禁止适用的情形之中；《H规则》将适用范围从十一种缩减为七种，剔除了非法拘禁、毒品犯罪、行贿犯罪、在公共场所实施的扰乱公共秩序的案件四种情形，且不以被告人同意适用速裁程序为条件，也不要求被告人接受检察机关的量刑建议。《S规则》进一步作出具体规定，即对规则中的经济犯罪，查控赃款赃物时必须手续齐全，且扣缴的涉案财物必须权属清晰。另外，该规则对于情节较轻的赌博、开设赌场、妨害公务、其他妨害社会管理秩序的案件优先适用。[①] 以上规则既有合理性也存在一些不合理的问题。一是没有设置有关被告人程序选择权的条款。缺乏被告人对速裁程序的自愿选择，不符合我国速裁程序的公正价值观，也不符合“两高两部”关于被告人认罚和程序选择权的规定，即存在违反上位法之嫌。二是《H规则》剔除了四种案件类型，《S规则》增加了“手续齐全”以及优先适用案件等规定，可能是考虑到其中涉及的管辖权争议、证据合法性、司法证明等复杂性因素，所以《S规则》在案件选择上更加谨慎。三是规定“案件有重大影响”作为不适用的情形，尽管考虑的案外情形不属于《速裁试点办法》规定的案件范围，但具有其合理性。这是因为，在实践中确实存在一些轻微刑事案

① 林喜芬：《认罪认罚从宽制度的地方样本阐释——L、S、H三个区速裁试点规则的分析》，《东方法学》2017年第4期。

件虽然简单但是公众关注度高，一旦迅速裁决可能会引起社会质疑，不适用速裁程序反倒可以维系司法公信力。对此，2018 年《刑事诉讼法》第二百二十三条已将之纳入不适用速裁程序的适用情形之中。

根据《速裁试点办法》规定，刑事速裁程序的启动主体为公安机关、检察院与辩护方。启动方式分别为公安机关向检察院提出建议、辩护方向法院提出申请、检察院向法院提出建议。各试点地区对之进行了一定改变。前述《L 规则》规定辩护方不仅可以向检察院申请启用，还可以向法院申请，从而加强了被告人及其辩护律师的辩护权。前述《H 规则》并未完全遵从这一规定，只明确提出由检察院建议法院启动。而《H 规则》则明确规定了前两种模式，在司法实务中也存在后者以及法院职权模式的实践形式。另外，“两院”下发的《速裁试点办法》规定刑事速裁程序启用之后，应设置辩护双方协商量刑并给予量刑优惠的程序，但在各地的实际工作之中这一点受到忽略。在针对某地试点工作的问卷调查中，有 25% 的被告人表示检察官并未就量刑与其进行协商，另有 57. 3% 的检察官表示不会对被告人从宽量刑，但是，绝大多数被告人对检察机关提出的量刑建议没有异议。[①] 再次，被告人的辩护率在速裁程序中明显较低。以重庆市某区为例，一年中该区法院共审结速裁案件 319 件 330 人次，其中仅有 15 件 15 人得到辩护律师的法律援助，占比仅为 4. 5%[②]；总之，各试点地区对刑事速裁程序启动方式不尽相同，而辩诉双方协商行为与律师援助制度没有有效落实，无法有效保护犯罪嫌疑人、被告人的诉讼权益。

在适用刑事速裁程序办理案件的效率上，各试点地区的办案效率都获得了显著提高。有学者对 T 市 8 个试点单位调研发现，该市刑事速裁程序的审查起诉期限和审判期限各为 5 天，从审查到审判全过程不超过 10 天，对比简易程序与普通程序，诉讼效率平均提高了 3 倍。[③] 另外，重庆市 11 个试点检察院的审查周期平均为 4. 7 天，法院审判周期平均为 6. 1 天。[④] 广州市各基层法院审理试点案件结案 3503 件，涉及的罪犯达 3600 人，其中当庭宣判的案件接近 90%。[⑤] 集美区法院共适用速裁程序审结 327 件 335 人，几乎都是当庭宣判，审理周期

① 李本森：《刑事速裁程序试点研究报告——基于 18 个试点城市的调查问卷分析》，《法学家》2018 年第 1 期。

② 陈荣鹏、李永航：《刑事速裁程序试点改革实证研究》，《云南大学学报（法学版）》2016 年第 5 期。

③ 赵恒：《刑事速裁程序试点实证研究》，《中国刑事法杂志》2016 年第 2 期。

④ 陈荣鹏、李永航：《刑事速裁程序试点改革实证研究》，《云南大学学报（法学版）》2016 年第 5 期。

⑤ 张钊：《6 分钟审结一宗刑案》，《南方都市报》2015 年 12 月 28 日。

平均为4天时间。[①] 关于庭审时间，对相关试点法院进行统计，北京市房山区法院庭审4件案件总共用时25分钟，平均6分钟一件；天津市红桥区法院审理3件案件用时30分钟，平均10分钟一件；杭州市西湖区法院审理8件案件用时30分钟，平均用时3.5分钟；沈阳沈北新区法院审理4件案件用时30分钟，平均用时7.5分钟；济南历下区法院审理案件6件，用时20分钟，平均3.3分钟一件；郑州金水区法院审理8件案件用时40分钟，平均5分钟一件。[②] 综上可见，各试点地区的刑事速裁庭审时间都没有超过10分钟，办案效率明显提高。另外，在经济发达地区，有法院运用信息技术手段进一步提高审判效率。如笔者所在试点地区中，有一些基层法院采取了视频审理的方式进行庭审，甚至有的基层法院在庭前也采用视频审理的手段，进一步节约了司法资源，提高了办案效率。

从律师的参与度看，执行人员的抵触观念、值班律师角色定位不清及其履职状况不佳等问题较为明显。尽管律师参与的各项权利义务在各地区的速裁试点方案中有均有详细规定，但有规定并不代表就有良好的实施效果。在对试点地区的多位检察官进行访谈后，笔者发现检察机关中案件的承办人大多并不希望律师参与速裁程序，他们甚至表示在办案过程中会将有无律师辩护的必要与是否适用速裁程序结合考虑。这是因为，速裁程序是被告人认罪认罚后采取的较简易程序更为简便的程序，其追求的首要价值是效率，而律师辩护意味着对事实和法律认定会提出异议，检察官在办案时往往会考虑如果有辩护律师时采取速裁程序是否合适。可见，在执行人员的观念里对律师参与持有一定的抵触态度。值班律师的职能相较辩护律师受到很大限制，且现有法律援助基础底子不足的背景下，值班律师的职责履行更受到约束。

从服判息诉的效果上看，各试点地区的上诉率处于稳定状况。杭州市各基层法院在2014年9月1日至2016年8月31日期间适用刑事速裁程序审结案件4182件，其中提起上诉7件，上诉率为0.17%。[③] 广州市越秀区人民法院审结速裁案件共612件，当庭宣判的598件，当庭宣判率达97.71%，有18名被告人提出上诉，上诉率仅为2.94%。[④] 福建省试点法院适用速裁程序案件上诉率仅为

① 《集美区法院适用刑事速裁程序——15分钟审结3起醉驾案》，《厦门日报》2015年10月28日。
② 《最高人民法院、最高人民检察院关于刑事案件速裁程序试点情况的中期报告》。
③ 宋善铭：《认罪认罚从宽制度典型样态运行的实证分析——以浙江省实践为例》，《河北法学》2017年第10期。
④ 杨婷：《刑事速裁程序与刑事简易程序比较研究——以法院实践为样本》，《法治论坛》2016年第1期。

2.5%，比同期福州、厦门两市法院刑事案件上诉率低 11.64%。[①] 在重庆，1468 件速裁案件中有 63 起出现上诉情况，服判息讼率为 95.7%。[②] 尽管上诉率较低，但也存在一个疑问：为何被告人在庭审之前已经认可了检察机关的量刑建议，还会提起上诉？对此，笔者采访了一些法官，受访法官解释被告人上诉的原因主要有两种：一是大多数速裁案件的被告人并未被羁押，他们对判处缓刑有较强的心理预期，而一些检察机关在提出量刑建议时并未提出是否适用缓刑；二是一些在审前处于羁押状态的被告人虽然未对缓刑抱有心理期望，但对刑罚执行场所有所期待，一些被判处剩余刑期超过三个月的被告人为了不被移送至监狱，而选择提起上诉，希望通过上诉审程序拖延判决生效时间而继续留在看守所服刑。

## 第二节　各地刑事速裁程序的对比分析

上一节我们对试点地区的实施情况做的一些调查分析，较为全面地揭示了我国刑事速裁程序的进展和效果。在此基础上，我们可以进一步对比分析不同地区试点实践的相同与不同之处，从而挖掘其中亟待解决的问题。

### 一、各地司法实践的相同之处

#### （一）速裁程序的适用状况较好

从前文的调研数据可见，各地基层法院利用速裁程序审理的案件数量不断增加，如北京、上海、武汉、广州等地的基层法院审理的速裁案件不但在数量上呈现增加之势，且在整体适用状况上也越来越契合试点改革的要求。由此可以得出以下结论：其一，各地试点均承认刑事速裁程序的可行性，并相继推出本地

---

① 詹旋江：《福建刑事速裁程序试点工作成效显著》，《人民法院报》2016 年 7 月 25 日。

② 刘方权：《刑事速裁程序试点效果实证研究》，《国家检察官学院学报》2018 年第 2 期。

化的实施细则；其二，证明了刑事速裁具有简易程序所没有的效率优势。最高人民法院对 13 家试点法院 2015 年上半年结案进度的抽样调查结果表明，刑事速裁程序的适用率较高，突出了比简易程序更好的效率优势；其三，刑事速裁程序的效率价值在各试点地区得以体现。一方面适用速裁程序处理的案件基本能够在《速裁试点办法》规定的时限内审结；另一方面，尽管各试点地区对于速裁案件的审理时限存在数天的差异，但普遍反映出一个特征，即平均下来每个案件的开庭审理时间在 10 分钟以内。值得注意的是，其他的时间损耗几乎都在庭前程序之中，例如，检察机关对简易判处缓刑、管制的被告人制作社会调查报告、部门领导的文书审批、书记员（法官助理）庭前准备、法官庭前阅卷、审核裁判文书等工作。可以说，将来刑事速裁程序在效率上的突破应当逐渐从庭审阶段转向庭前阶段。

### （二）案件的审理效果得以提高

各地试点对于刑事速裁程序的理解均较为深入，各地试点基层法院的刑事速裁程序保持着非常高的案件当庭宣判率。在如此高效快捷的程序中，案件审理效果并未明显下降。数据显示，各试点地区至少保持着两种积极的进步趋势：其一，被告人上诉率下降。上诉率是体现刑事程序中被告人是否服从判决的重要指标，从前述各地试点数据来看，相较于普通程序，适用速裁程序审理的案件中被告人上诉率下降明显；相较于简易程序，速裁程序判决的案件被告人上诉率也呈现出下降趋势。其二，检察机关抗诉率下降。数据显示，各试点地区的检察机关对于刑事速裁程序审理的案件满意度极高，抗诉率几乎为零，体现了检察机关对于刑事速裁程序审理的案件从程序和结果上的认可。

## 二、各地司法实践的不同之处

根据调研统计数据，可知各地试点单位并未盲目依托改革政策进行“闭眼尝试”，而是逐步依据当地司法特色及有关情况构建不同的刑事速裁模式，由此也导致各地司法实践呈现出不同的样态。

### （一）异地办案和同地办案有所区别

有的试点根据地方需要，建立了“刑事速裁程序办公室”，将法院、检察院、公安机关相关程序人员集中于一处办案，办案流程的可协商性、可操作性增强，减少了办案时间。有试点单位没有选取集中办案的模式，如武汉市根据当地实际，结合办案效率的需求，构建了侦查、起诉、审判全流程衔接机制，构建了包括联席会议、联络专员在内的刑事速裁程序辅助办案程序，突出异地联络、巡回监督。此外，还有地区选择了定期集中办案的方式，在同地办案和异地办案中作了折中优化。

### （二）量刑协商程序方面存在差异

任何案件在量刑上都无法获得绝对的均衡，但是保持量刑在总体上的相对均衡是维护程序公正的底线要求。虽然试点实践在整体上符合我国刑法和《速裁程序试点办法》的规定，但是不同的试点单位之间还是存在一定的量刑偏差。一方面，不同地区针对刑事速裁案件设计的量刑指南不一致，也没有规范有期徒刑、拘役和缓刑的使用标准。虽然过去最高人民法院在推行量刑规范化改革时就已经制定了相应的量刑指南，但是对于轻微犯罪案件的量刑裁量权还是给予了司法机关很大的空间；与此同时，一些试点地区制定或执行刑事司法政策时也有存在区域性差异，这就不可避免地造成量刑不均衡。另一方面，有的试点地区较为精细，注重构建司法权主体间的相互制约机制，如在北京市，速裁程序的量刑协商程序中，法院在检察院与被告人达成协议后有审查否决程序，如经审查不符合条件或量刑不当的，可以建议控方再次与被告协商，如遇争议，也可直接转为普通程序或简易程序审理。

## 三、各地司法实践中普遍存在的问题

### （一）刑事速裁程序的整体流程有待优化

正如前文调研分析所言，虽然刑事速裁程序的整体效率提高了，但是主要体现在法庭审理效率方面，在审前程序并未突出其效率优势，主要表现如下。其一，未能合理配置不同诉讼阶段的办案期限。《速裁试点办法》没有对侦查期限作出具体规定，与之相反的是，审查起诉与审判的期限却可以适当延长。尤其是自认罪认罚从宽试点展开以来，刑事速裁程序适用的案件范围大幅度扩展，这就意味着检察机关、法院需要用更快的速度来处理速裁案件。尽管根据2018年《刑事诉讼法》，速裁案件的起诉加审判期限由原来的“8+7”转变为“10+10”，但是依然无法减轻司法机关的办案压力，并且会导致部分案件不得不转换适用简易程序和普通程序审理。此时，如果适当压缩侦查期限，可以在总体上不影响刑事速裁案件的办理期限。其二，需要简化速裁案件的内部审批流程，从而提高整体效率。笔者在对一些地区的办案人员进行访谈时，发现速裁案件内部审批流程烦琐是制约速裁程序整体效率的重要问题。对此，笔者认为北京市海淀区“刑拘直诉”模式省略逮捕审查环节的方法值得借鉴，适用于一些如危险驾驶类的常见犯罪类型；在审查起诉阶段，对于适用缓刑的速裁案件可以由检察官自由裁量是否需要社会调查评估；在审判阶段，针对可能判处缓刑的案件，应当对独任法官赋予更大的自主权，而不需要再经过分管院长审批。

### （二）量刑标准规范化和制度化的欠缺

被告人放弃相应的诉讼权利，同意适用刑事速裁程序，是获得量刑优惠的基本前提。因此，如何准确地处理量刑优惠的标准、幅度就成为一个亟待解决的问题。然而，我国现行的相关制度体系在设计上仍有不足。刑事速裁量刑优惠的直接依据源于认罪认罚从宽的量刑标准，并非一般刑事案件的法定量刑情节。尽管最高人民法院的量刑指导意见中早有规定，被告人自愿认罪的减少基准刑的10%以下。但是在不同地区，同类罪名的量刑标准依然存在地方性差异，比如北京酒驾的处罚力度要高于上海，广州盗窃罪的入刑门槛要高于西安。量刑考虑的情节各地也不尽相同，几乎都是由各试点法院自行确立。量刑标准规范化不足的另一个表现是与量刑相关的实施细则无需经过法定听证程序，导致量刑标准规范化和制度化存在严重不足。

### （三）被告人诉讼权益保障力量的不足

刑事速裁程序值得引进和借鉴，从目前的试点情况来看，也颇为适合我国的司法体制。但是，刑事速裁程序的本质毕竟是节省司法资源、优化司法配置，达到司法程序质量和效率之间的高度平衡，在实施过程中，难免会给被告人或其他诉讼参加人带来新的司法风险，这种风险体现在法院和检察院热衷于刑事速裁程序带来的积极推进，以及法庭调查、法庭辩论等程序的简化造成的案情不甚明朗，一部分被告人文化水平有限，遇到一些情况不明所以，以认罪息事的心态面对刑事司法程序，如果此时值班律师履职形式化，必然会影响司法裁判的结果。之所以值班律师履职形式化，根本原因是其没有辩护人地位。本书认为可以考虑将值班律师制度转变为强制辩护制度，如此可以提高保障被告人权益的实效。

## 四、我国司法实践与域外刑事速裁程序的比较分析

### （一）程序模式比较和选择

刑事速裁程序在英美法系国家大多表现为辩诉交易制度。相比之下，为更加适合本国的司法实践需求，节约司法资源，提升诉讼效益，大陆法系国家采取的是多元化的简易审理模式。这种差别取决于英美法系国家和大陆法系国家不同的刑事诉讼模式和司法环境。基于此，我国的刑事速裁程序不能一味照搬任何一个国家的类似程序，而必须考虑本国司法实践特色，必须从历史进程、发展轨迹和改革背景等方面来分析本国速裁程序的合理性和局限性，在分别吸收两大法系有益经验的同时，充分考虑本土环境和现有配套资源，方能建立健全我国的刑事速裁程序。

### （二）书面审理和速裁程序的规则比较

当事实、罪名、量刑均已明确时，大陆法系国家更倾向于适用处罚令程序进行书面审理，作为一种以书面审理为形式的简易程序，其适用范围一般是罚金刑为主的轻微犯罪，法官只需对检察官提交的书面申请和卷宗径行裁判。由于我国的速裁程序建立得较晚，目前尚未形成与处罚令程序相类似的书面审程序。我国的刑事诉讼模式与大陆法系国家更为接近，在未来的改革中可以在限定罪名的前提下，将可能判处 1 年以下有期徒刑或单处罚金的刑事速裁案件交由法官进行书面审理。同时，我们还可以考虑推广科技手段进行远程讯问、庭审，这样有利于我国司法资源的进一步优化配置，让疑难复杂案件、重罪案件获得更多的司法审判资源。

### （三）我国的辅助性规则较为欠缺

域外发达国家和地区的司法实践中，刑事速裁程序往往辅之以较为完整的

保护被告人利益不受程序侵害的机制。而我国相关程序或规则较为欠缺，表现为公安司法机关引导和诱导行为的监管力量不足，以及律师在辩护过程中因不尽责导致被告人本无罪却认罪的情形。一方面，强化律师在速裁程序中的实质性参与是解决检察机关不良诱导的有效手段。在英美等国律师可以全程参与刑事速裁，同时能够介入调查取证，在不受监视的情况下能会见被告人，甚至能够代表被告人与法官、检察官就定罪量刑展开讨论。在这个过程中，法官能够更好地评价被告人的认罪认罚与程序选择是否具备自愿性。但是根据我国当前立法情况，值班律师在速裁程序中并不完全具备前述职能。另一方面，法官、检察官客观公正履职是避免无罪被告人被误导认罪的重要保障。法官、检察官就被追诉人对认罪认罚与程序选择意思的了解应当建立在他们获得律师帮助的前提下，尤其是检察官应当客观公正地听取被告人及其辩护人、值班律师的意见。同时，法官、检察官就定罪量刑的事实与证据的认定，也应当以排除合理怀疑为标准，严谨司法。

## 第三节　刑事速裁实践探讨中的理论争议

从前文的实践分析中可见，我国刑事速裁程序与审判中心主义改革、认罪认罚从宽制度改革相伴相生、相互推进，刑事速裁程序是审判中心主义改革、认罪认罚从宽制度改革背景下的制度试行，而审判中心主义、认罪认罚从宽制度的一些思想精髓则充分体现在刑事速裁程序之中。在各项改革稳步推进的同时，我们发现刑事速裁试点期间暴露出来的许多问题与这些改革之间的理论冲突有关，也涉及简易程序的制度交叉问题。厘清相关的冲突、争议并且有效解决它们，是改革与完善我国刑事速裁程序的理论前提。

### 一、审判中心改革与速裁程序的冲突问题

党的十八届四中全会提出“以审判为中心”的改革要求，在宏观层面对本轮

司法改革作出相应部署。“以审判为中心”不仅要求改变我国固有的控、辩、审关系格局，更重要的是实现庭审实质化。审判中心改革深刻地影响了我国刑事诉讼制度的方方面面。据此，改革与完善我国的刑事速裁程序，同样需要结合“以审判为中心”的改革要求进行探讨。

### （一）审判中心改革的基本内涵

审判中心改革面临的问题是慎重思考并努力改正目前刑事诉讼中的侦查中心主义。所谓“侦查中心主义”，即是在刑事诉讼中以侦查阶段形成的侦查案卷为中心，裁判的依据源于侦查结果以及案卷记载，侦查的结果决定审判结果。在侦查中心主义模式之中，审判机关往往忽视了法庭调查与法庭辩论的重要性，即意味着审前程序中取得的证据与认定的结果往往决定了审判结果，而这正是“以审判为中心”的改革所指向的主要内容。“以审判为中心”的诉讼制度改革主要体现在以下三个方面。

第一，重塑侦、诉、审之间的关系。“以审判为中心”要求侦、诉、审之间的关系以审判为中心，侦查、起诉面向审判，接受审判的监督与制约。首先，审判机关是裁决被告人刑事责任的唯一权力机关，审前程序中的权力主体对犯罪事实、证据的认定不能决定被告人的定罪量刑，应当明确侦查与审查起诉结果不能决定审判结果。其次，法官具有独立地位，审判权具有权威性、中立性、终局性。法官不仅拥有实体上的定罪量刑权，还包括对程序问题的审查判断权。再次，纠正公、检、法办案配合过度而造成的制约不足，在权力制约理念的指导下发挥法官对审前程序的监督与引导作用，可探索构建对拘留、逮捕等强制性侦查措施的司法审查机制。

第二，推进庭审实质化。庭审实质化要求法庭审理应当围绕着争议事实与证据进行，定罪量刑的证据应当经过法庭调查，法官不能仅凭庭下阅卷作出判决。控辩双方的地位是平等的，两者在整个诉讼程序中应当保持势均力敌，双方通过辩论、质证等帮助法官查明事实、审查认定证据。关于证人、办案警察、鉴定人出庭作证的制度也需要进一步完善与落实，健全刑事辩护与刑事代理制度是解决控辩结构性失衡的重要途径。对法官而言，主审法官、合议庭审判的独立性应当得到充分保障，应改革审判委员会的角色与职能、落实司法责任制等，确保判决依据来源于庭审。

第三，实现一审中心主义。在审级结构中围绕职权重塑确立一审中心制度，确立一审事实审、二审法律审的模式。二审全面审理原则意味着审判机关要对一审中没有争议的事实与法律问题重复审理，这意味着司法资源的浪费，影响了二审裁判的整体质量。因此，改变二审全面审的原则，并对速裁案件上诉做一定程度的限制，这也是审判中心改革的要求。

### （二）审判中心主义与速裁程序的冲突

首先，“以审判为中心”强调的庭审实质化、程序正当性等要求与速裁程序的效率价值存在冲突。一方面，直接言辞原则、证据裁判原则和律师辩护原则都属于庭审实质化的基本内容，而三者在刑事速裁程序中被简化，被告人的权利保护被弱化，导致程序正当性的要求在诉讼过程中被冲击；另一方面，过于效率化的刑事审判程序对案件质量保障机制与错案预防机制造成不利影响。在当下国内被告人倾向于自行认罪而诉讼权利又无从保障的情况下，忽视速裁程序案件的庭审环节，实际上会造成法官的审判权被架空。在极为简易的刑事审判程序中，被告人因为各种原因而作出错误的陈述，那么法官就更难以发掘真正的法律事实。所以构建专门的庭前认罪程序、完善法律援助值班律师制度显得尤为重要，以实现司法机关对案件质量的把握。①

其次，刑事速裁程序的过度程式化审理容易损害审判的权威性。根据各国的实践经验，检察官在速审案件中的指控与量刑建议几乎都被法庭采纳，可以说检察官对定案结果具有确定性的意义，导致法官裁判在很大程度上表现为形式性裁判，导致审判权威受到损害。由于刑事速裁程序简化了程序与权利，诉讼监督与法律救济都受到影响，容易导致权力寻租。如美国司法委员会对刑事速审案件进行调查发现，即使是轻微刑事案件处理中也存在腐败现象，这便对强化法律监督、提高司法人员的职业素养提出更高的要求。

最后，刑事速裁程序中被害人权利保护相对薄弱。近些年以来，被害人在刑事诉讼中的地位与权利受到越来越多的关注，然而在我国刑事诉讼程序中被害人的权力虚置问题较为突出。多数域外法治国家明确规定被害人在刑事诉讼中拥有诉权，如法国《犯罪被害人补偿法》、德国《被害人保护法》都明确规定了被害人在刑事诉讼中享有的当事人地位与权利。但是，在刑事速裁程序中，由于被害人受到的权利侵犯较小，且被害人在刑事诉讼程序中不具有独立的诉讼主

---

① 左卫民：《认罪认罚何以从宽：误区与正解——反思效率优先的改革主张》，《中国检察官》2017 年第 15 期。

体地位，因而其合法权益时常无法得到有效保护。因此，被告人通过经济上的赔偿与精神上的安抚得到被害人的谅解是从宽量刑的基本条件之一。

## 二、认罪认罚从宽制度与速裁程序的融合问题

认罪认罚从宽制度是适用于嫌疑人、被告人自愿认罪认罚案件的专门制度，党的十八届四中全会提出了完善该制度的要求，以达到相关案件程序从简、处理从宽的目的。认罪认罚从宽理念契合了我国刑事司法追求公正与效率统一的现实要求，对解决目前我国案多人少矛盾、实现案件繁简分流目标、配套推进司法员额制改革具有重要意义。2014 年 8 月，刑事速裁程序在全国 18 个城市试点，该次试点工作经由全国人大授权，由最高人民法院、最高人民检察院组织开展。随后，认罪认罚从宽制度于 2016 年 9 月开始试点。与速裁案件试点工作相同的是两次试点选择的期限、地域，不同的是认罪认罚制度的适用范围更广，它包括了可能判处三年以下有期徒刑刑罚的刑事案件。

### （一）认罪认罚从宽制度的基本内涵

认罪认罚从宽制度，是指刑事诉讼中犯罪嫌疑人、被告人对被指控的基本犯罪事实无异议，且自愿接受相应刑事后果，进而获得程序简化和量刑减轻的一系列规范组成的制度体系。“认罪”包括刑法中规定的坦白与自首的情形；在诉讼程序上，包括对程序的简化；在处罚结果上，包括处罚从轻、从宽。其中，“认罪”具体是指犯罪后自动投案、如实供述罪行的；被采取强制措施的嫌疑人或服刑中的罪犯，对其所犯的司法机关未掌握的罪行能够如实供述；虽然不构成自首、坦白，但是属于认罪的情形。从认罪的时间段来看，包括犯罪后即投案认罪，在侦查、起诉、审判阶段的认罪。“认罚”是指被告人在认罪的基础上自愿接受法律带来的刑罚后果。从主观上讲，犯罪嫌疑人、被告人已经认识到自身的错误，通过供述犯罪行为达到改过自新的目的，其主观恶性与人身危险性降低；从客观上讲，对其采取较为轻缓的处罚有利于其积极改造、回归社会，及时修复被破坏的社会关系。具体而言，本制度主要内容如下。

第一，制度适用的前提是嫌疑人、被告人的认罪认罚行为。被告人承认所犯罪行以获得明确的量刑减让，行为本身具有一定的趋利性，如果嫌疑人、被告人

认罪认罚却得不到合理的从宽处理结果，那么这一制度将无法实施。即使犯罪嫌疑人、被告人是否认罪理论上不对司法机关查明案件真相产生直接影响，但是如果以明确的量刑减让为鼓励，促使犯罪嫌疑人、被告人采取配合的态度，如实供述犯罪，既能节约刑事司法资源，又能使案件得到公正处理。所以，这一制度要求检察机关与符合该制度案件范围的被告人进行协商、交流，以较轻的量刑建议换取被告人的自愿认罪。在案件审理阶段，对于符合条件的，人民法院应当根据检察机关的量刑意见，给予被告人从宽的处罚。

第二，被追诉人认罪认罚的真实性、自愿性是适用认罪认罚从宽制度的基础。如果被追诉人认罪认罚的意愿不真实，必然会损害刑事司法公正，充分有效的刑事辩护与律师帮助是保证被追诉人认罪认罚真实性、自愿性的力量。刑事司法改革提出的疑罪从无原则、强化侦查监督规则，使得侦查机关破案与检察机关指控所承担的压力变大。在这一背景下，追诉机关希望被追诉人认罪认罚，从而实现破案与证明的要求比过去更加迫切。尽管这并不表明侦查机关必然会采取不当方式来获取口供，但意味着嫌疑人需要得到充分有效的辩护以避免受到不当压力，才能避免违法侦查行为和司法不公现象的发生。

第三，认罪认罚具有实体与程序法上的双重内涵。实体意义上包括自首、坦白、赔偿、谅解等，程序法意义上的内容除了包括认罪并接受指控以及程序从简以外，还应当视为一种影响刑事程序运行并对定罪、量刑有着重要作用的证据。在侦查阶段，犯罪嫌疑人的供述不仅可作为言词证据交代自己的罪行，还可能成为侦查机关侦破案件的关键线索，这也是侦查机关迫切希望获得口供的理由。在审查起诉阶段，被告人认罪认罚对检察机关而言，是其证据体系中至关重要的一环，意味着检察机关不必花费更多的时间、精力进行举证，并且当供述成为不可或缺的证据时，认罪认罚作为证据的价值更加突出。

第四，量刑程序的相对独立。在认罪认罚案件中，控辩双方就定罪问题已排除分歧，争议的焦点集中于量刑问题。速裁程序可以省略法庭调查、辩论环节，而简易程序、普通程序虽然不可以直接省略这两个环节，但是为定罪而设定的程序与规则可以作出一定程度的简化。不同于域外的处罚令程序，我国刑诉法规定即使被告人作了有罪供述，依然要开庭审理，由此法庭审理的焦点就集中于量刑问题上，进一步看，认罪认罚案件的庭审焦点在于如何从宽。鉴于量刑程序在认罪案件中的重要意义，理论界普遍主张推动量刑程序相对独立，认为速裁程序即使不进行法庭调查、法庭辩论，法官也应当围绕量刑问题听取控辩意见。

### （二）认罪认罚从宽制度与速裁程序的融合

认罪认罚从宽制度蕴含着“实体从宽、程序从简”的内容，控辩双方基于诉讼合意放弃普通程序审判，是该制度适用的正当性基础，根据案件繁简、罪行轻重以及控辩合意程度，认罪认罚案件适用于速裁程序、简易程序、简化审程序等，从而实质性地发挥认罪认罚制度的功能。2016 年开展的认罪认罚从宽试点工作扩大了刑事速裁程序的适用范围。根据认罪认罚从宽制度的基本要求，其与速裁程序的融合表现在效率上统筹速裁程序、简易程序和普通程序，权利上保障被追诉人认罪认罚的真实性与自愿性，程序上通过协商实现从宽。

首先，在诉讼效率上，一方面，认罪认罚从宽制度是对刑事速裁程序在适用范围上的扩展，简化的程序贯穿刑事诉讼始终，兼顾了审前程序与审判程序，也包括内部审批流程的简略，在强制措施上扩大取保候审的适用范围，减少逮捕等羁押性强制措施；另一方面，认罪认罚意味着被告人放弃某些诉讼权利，其必然使得诉讼程序得到简化、诉讼效率得到提高。无罪推定、反对强迫自证其罪之原则在认罪案件中被弱化，被告人由传统诉讼格局中的对立面转向合作面，由于不需要通过诉讼程序寻求防御与帮助，效率自然提升。

其次，在权利保障上，认罪认罚从宽制度本身也具有非效率化的一面。例如，保证被追诉人认罪认罚的自愿性与真实性需要构建相应的权利供给机制，这在一定程度上会增加程序的复杂性；“从宽”仍然必须建立于客观的事实与情节之上，必须通过法官庭审进行调查，听取控辩双方的辩论，必须依据法律规定作出从宽的判决，并且还须为审判结果提供法律救济渠道，这就意味着程序难以实质上被简化。可以说，认罪认罚从宽改革本质上是在效率化改革的基础上赋予速裁程序以权利化内涵。那么，将认罪认罚从宽制度与刑事速裁程序融合，更应关注认罪、协商的真实意志表达。其中重点在于加强嫌疑人在侦查程序中的权利保障，包括保障构建权利告知程序、有权获得律师帮助、认罪认罚过程中有全程录音录像等。

最后，协商从宽除认罪协商外，还包括量刑协商。根据《认罪认罚从宽试点办法》，非控辩双方就量刑意见达成合意，刑事速裁程序不可适用。因此，协商量刑是认罪认罚案件中程序简化的关键。因此，审查起诉阶段是刑事速裁程序的重点，并提出两点要求：一是扩展协商范围。量刑协商不应当只是刑罚的协商，还应当是刑罚以外处置措施（例如《刑法修正案（九）》增加的从业禁止措施等）的协商。控辩双方可就刑种、刑期、刑罚执行方式进行协商，一旦检察机关根据双方达成的量刑合意作出量刑建议书，并取得嫌疑人的书面确认；二是提高量刑优惠的幅度，激励被告人选择速裁程序。根据最高人民法院《量刑建议指导意见》，对于认罪的嫌疑人、被告人可在基准刑以下的20%内量刑，随着认罪认罚从宽改革的深入推进，从宽幅度可以考虑适量加大，对于适用速裁程序的案件可尽量适用非监禁刑。

## 三、简易程序与速裁程序的衔接问题

在2018年《刑事诉讼法》修改之前，刑事速裁程序一直被理论界和实务界提议纳入立法计划之中。刑事速裁程序可以被认为是对简易程序的进一步简化，但又与简易程序存在显著区别，对推进刑事审判繁简分流改革而言有着举足轻重的意义与价值。从前文对域外经验的介绍可知，刑事速裁程序是完善的刑事案件处理机制不可或缺的有机组成。通过刑事速裁程序对轻罪案件的处理，在程序上能够实现案件的快速审结，在实体上也能够做到罪责刑相适应，有利于刑事案件处理效率的提高和司法资源的优化配置。同时，从当前规定来看，速裁程序对于诉讼程序的简化并非是放弃了正义，相反它内在地要求保障被追诉人在刑事诉讼中的合法权利，且在合法的范围内使得被追诉人重获新生。然而，认罪认罚从宽制度扩展了刑事速裁程序的适用范围，导致其与刑事简易程序的适用范围存在重合的问题。从程序效率出发，同类型程序的适用在一般情况下存在“非此即彼”的状态，以避免类似程序反复适用于同一个案件的处理，不仅浪费了司法资源，还存在裁判结果偏差的可能。笔者认为，刑事简化程序的构建是一个循序渐进的过程。现阶段我国刑事简化程序的框架有待进一步完善，当务之急是通过不同层次的处刑机制构建形成初步的框架后，再考虑赋予当事人同类型案件的不同程序选择的空间。我国当前刑事简化程序框架亟待完善，2018年《刑事诉讼法》对刑事和解、简易程序、速裁程序作出了规定，从制度完善和诉讼效率出发，明确应当使刑事速裁程序与简易程序尽可能存在区别，以树立刑事速裁程序独立的机制地位，更为明确、高效、多元化地处理轻微刑事案件。基于此，本书以《刑事诉讼法》为标准，认为刑事速裁程序是对事实清楚、证据充分的刑事案件，在被告自愿认罪且对法律适用和量刑均无异议，在刑罚上可能判处一年以下有期徒刑、拘役和管制或单处罚金时，适用的简化的快速裁决程序。在此定义之下，结合试点工作情况，速裁程序与简易程序的衔接需要注意以下三个问题。

### （一）诉讼阶段的衔接问题

根据规定，对于认为可以适用速裁程序的案件，公安机关、检察机关及审判机关均有权启动速裁程序。并且，在侦查、起诉、审判的各个阶段，刑事案件的承办人员均可建议启动速裁程序。同时，规定也指出，案件审理过程中，法院适用速裁程序不服条件的，应当以简易程序或普通程序审理。可见，速裁程序向简易程序的转化是单向的。

但是，将速裁程序向简易程序转化的裁量权完全交由法官，笔者认为并不合理。诚然，法院裁判处于刑事诉讼程序的后期，公安机关、检察机关在这一期间无权决定适用速裁程序，因此由法院来作出程序转化的决定并不突兀。然而，正如前文所提及的，速裁程序是为提高轻微刑事案件的处理效率而设立的，其最终需要实现的目的是简化适用该制度案件的程序，使该类案件在一种机制下不断提高诉讼效率。未来的改革方向是对公安机关、人民检察院认为可以适用简易程序的，可以进一步简化侦查和审查起诉阶段的机制。需要明确的是，这种简化对于快速裁判而言是必要的，但是对于程序正义而言则可能因为相关证据的收集、审查不全而导致放纵犯罪行为。笔者认为，在诉讼阶段的衔接方面，法律应当作出反向规定，即各阶段对程序的建议都必须满足法律对于案件事实、证据及认罪自愿的要求；当事人在任一环节提出不愿意适用建议程序的，被告人可以选择适用简易程序或普通程序进行处理。

### （二）审理方式的衔接问题

根据规定，刑事速裁案件中，只要被告人当庭认罪、控辩双方已就量刑达成合意，被告人也同意适用速裁程序，法庭只需听取被告人的最后陈述意见，不再进行法庭调查和法庭辩论。由此可见，在速裁程序中，法官对于刑事案件相关证据、事实的审理主要在庭审外完成，即确立了“以书面审理为原则、以开庭审理为例外”的审理方式。实践中，不少试点地区在书面审理的基础上，进一步采用了远程视频开庭与多案合并审理等方式，进一步提高轻微刑事案件的诉讼效率。而根据《刑事诉讼法》的规定，适用简易程序简化诉讼流程必须合法，这意味着简易程序实际上仍然是要求法院必须开庭审理刑事案件。

速裁程序和简易程序的衔接问题，主要是在于程序推进中出现不宜继续适用速裁程序的情形时，法官在庭前已经确认的本应当由法庭调查和法庭辩论的事项，在该用简易程序之后，是否有必要重新予以调查和辩论。笔者认为，2018年《刑事诉讼法》第二百一十九条规定，简易程序不受普通程序中有关出示证据和法庭辩论等规定的限制。在此情况下，法官可以就其在刑事速裁程序中已经审核过的证据和事实出具说明材料，供程序转换后的办案法官以参考。案件转为简易程序审理后，法官可以就速裁法官之意见当庭询问控辩双方，后续的庭审仅针对双方存在不同意见的证据与事实进行出示、说明和审理，一方面能够尊重速裁法官在庭前程序中的劳动成果，另一方面对于提高诉讼效率而言也有较大的意义。

### （三）案件范围的衔接问题

自《速裁试点办法》出台以来，在试点期间，各界对速裁程序适用范围争议较小，速裁制度正式建立后，一般认为该制度的适用不应受到限制，可通过负面列举的方式明确制度适用范围。① 而对于适用速裁程序的案件在刑罚条件上如何加以限制，则一直是争议焦点。部分学者认为，将刑罚条件限制在可能判处一年以下有期徒刑、拘役、管制或者单处罚金的情况，是在保护朴素公正价值的同时追求司法效率②；另一部分学者则认为，上述适用条件过多地限制了速裁程序的适用。他们认为，应当以我国刑法中缓刑的适用条件为标准，视三年以下有期徒刑的犯罪为轻微犯罪，并以此作为速裁程序的刑罚条件。③

2018年《刑事诉讼法》以速裁试点工作的客观经验为基础，结合刑法理论，最终将速裁程序的适用条件定为“基层法院管辖的可能判三年有期徒刑以下刑罚的案件”，并取消了对罪名的限制。这是因为，从速裁程序的独立性出发，将刑罚条件作为使用条件的一部分进行规定，在现阶段有利于体现速裁程序区别于普通程序和简易程序的价值。但是，我国刑法以“三年”作为轻微刑事案件的性质认定标准之一，若在程序适用时“压线”而为，则无形中赋予了法官

---

① 刘昂：《论我国刑事案件速裁程序的构建》，《法学杂志》2016年第9期。

② 汪建成：《以效率为价值导向的刑事速裁程序论纲》，《政法论》2016年第1期。

③ 石魏：《刑事速裁程序存在的问题及完善建议——兼论刑事速裁程序与轻刑快审程序之异同》，《西华大学学报（哲学社会科学版）》2015年第6期。

影响极大的自由裁量权，也不利于程序适用的规范。所以，在程序大幅度简化的情况下，有必要适当退让以增加轻重罪衡量的容错率。基于充分发挥速裁机制的效用，在适用罪名方面立法也以“排除情形”代替“适用情形”，以提高轻微刑事案件的处理效率。不过，本书主张在刑事速裁程序中设置书面审查环节，将刑罚条件限定为情节明显轻微、社会危害性不大的犯罪。如此，较为严重的犯罪行为就不会因为程序的简化而增加被错放的可能。对此，本书将在下一章单独论述。

[illegible]于庭审时间[illegible]相关试点法院进行统计：北京市[illegible]山区法院庭审[illegible]总共用时25分钟，平均6分钟一件；天津市红桥区法院审理3件案件用时[illegible]分钟，平均[illegible]分钟一件；杭州市西湖区法院审理3件案件用时[illegible]分钟[illegible]法院[illegible]分钟[illegible]一件[illegible]用时40分钟[illegible]一件[illegible]

[illegible]

# 第六章
# 我国刑事速裁程序的改革完善

作为当今世界各国重要的轻罪快速审理方式之一，刑事速裁程序无论是在其他国家还是在我国的实践都表明其具有多方面的优势。当前，我国刑事速裁程序试点实践突出的弊端主要表现为适用标准层次不清、审判方式单一、量刑标准不统一等问题，如果刑事速裁程序的功能不能彰显，刑事诉讼就难以实现繁简分流，也无法实现以审判为中心的宏大目标。在这一背景下，探讨我国刑事速裁程序的改革具有重要的现实意义。刑事速裁程序的改革探讨，并非简单地认为只需对应实践中的问题来修正，而是应当在把握该程序的指导原则和功能定位的基础上，完善刑事速裁程序的体系化标准，并对其审理方式、证明标准、流程管理以及相关的配套措施等进行探讨，从而构建更为科学合理、符合实践需要的刑事速裁程序。

## 第一节　我国刑事速裁程序改革的指导理念

对刑事速裁程序改革指导理念的讨论，实际上是要求从宏观层面为速裁程序的具体设置和配套方案进行把控，这就离不开对速裁程序确立的基本原则和功能定位的讨论。对前述两个问题的回答，能够更好地厘清刑事诉讼原理、目标和速裁程序之间的内在联系，有助于刑事速裁程序改革更加契合刑事诉讼制度发展的需要。

### 一、确立刑事速裁程序的基本原则

刑事诉讼程序的原则是协调刑事程序规则的各个构成要素的基本准则，是价值与理念的具体化。正如庞德所言："有了各项原则与概念，才有可能在缺少规则的场合下工作，并有把握来处理那些没有规则可遵循的各种新情况。”① 刑事速裁程序的基本原则是速裁程序具体制度构建的依据，对刑事速裁程序的立法和司法实践具有统领、指导和规范的作用。

## （一）程序法定原则

程序法定原则伴随罪刑法定原则而产生，两项原则均产生于1215年英国的《自由大宪章》第三十九条规定，即“任何自由人未经其同等地位人的合法判决或者国家法律的判决，不得被逮捕、入狱、剥夺财产、流放以及其他任何伤害，也不得剥夺其受法律保护的权利”②。法国1789年宪法第七条规定：“除非有法律规定并依照法定程序，不得控告、逮捕和拘留任何人。”程序法定原则于1791年被正式确立为宪法原则。除法国以外，德国、法国、比利时等欧陆国家也纷纷在本国宪法中明确规定了程序法定原则。程序法定原则在英美国家被称为“正当法律程序”。英国著名法官丹宁勋爵认为，“所谓正当法律程序是法律为了保障日常司法工作的纯洁性而认可的各种方法，包括促使审判和调查公正地进行，逮捕和搜查适当采用，法律援助顺利地取得以及消除不必要的延误等”。③ 美国的《宪法第十四修正案》规定：“未经正当法律程序，不得剥夺公民的生命权、自由权、财产权或者其他权益；在州管辖范围内，不得否认给予任何人以平等的法律保护。”正是因为现代法治国家对程序法定原则的普遍认可，使其成为国际人权法上的一项基本准则。我国于1998年签署的联合国《公民权利和政治权利国际公约》第九条也规定：“每个人都享有人身自由与安全权，不得被随意羁押或逮捕，除非根据法定程序与理由，否则任何人都不得被剥夺自由。”

程序法定原则的内涵包含两个层面：一是每一项诉讼程序都应当有法律明确规定；二是刑事诉讼活动应当依据法定的程序规则进行。刑事诉讼是为了实现国家刑罚权，而刑罚权则通常是国家以其强制力剥夺公民的生命、自由、财产等重要人权。制定刑事程序法律的权力主体以及相应的法律执行主体都必须具有法定刑，唯此，才能保障程序的确定性、稳定性、公正性等内容。不可否认，我国刑事速裁程序的立法设计尚不全面，法律实施过程也存在诸多问题，司法实践中遇到一些违法适用或因法律空白而无法适用等问题，需要在立法上提出

---

① ［美］庞德：《通过法律的社会控制》，商务印书馆2010年版，第28页。

② ［意］杜里奥·帕多瓦尼著，陈忠林译：《意大利刑法学原理》，法律出版社1998年版，第12页。

③ ［英］丹宁著，李克强等译：《法律的正当程序》，法律出版社1999年版，第5页。

应对之策。然而，在没有对立法作出调整之前，不管是为了使案件得到高效快速的处理，还是为了帮助被追诉人获得个别化的宽宥处理，都不得超出《刑事诉讼法》规定的适用范围、条件和程序。

### （二）诉讼经济原则

刑事速裁程序是诉讼经济原则在刑事诉讼程序中的制度表现之一。在刑事诉讼场域中，国家权力与个人权利之间的博弈互动从未停止。可以说，每一项刑事诉讼制度的设计以及施行都需要考虑到如何平衡惩罚犯罪和保障人权的问题。根据我国学者左卫民的观点，诉讼经济可以分为权力型的经济与权利型的经济。[①] 本书将借鉴这一观点来分析如何确立刑事速裁程序的诉讼经济原则。

权力型诉讼经济的目的是节约国家权力的运行成本，从而实现权力行使效益的最大化。首先，在国家职能方面，不同的权力机关对彼此工作的高度配合，特别是诉讼环节中的后续承办机关对上一环节办案工作的继受，以减少重复性的工作量，进而降低诉讼成本。其次，在整个诉讼阶段，权力型经济通常会选择一个最重要的阶段来投入较多的资源，而对于其他准备或是确认性的诉讼阶段，将会减少投入的资源。这是为了避免因资源分配不集中，权力着力点过于分散，导致在诉讼中出现“多个中心点”的现象，这既不符合权力型经济的要求，也违背了审判中心主义原则。再次，在关键诉讼活动中，对于权力监督制约的力度越少，越能够节约司法资源，即监督制约的程序越简单、力度越小，权力成本越低。最后，追求权力的经济性还包括减少或弱化对权力指涉对象的防御和保护措施。例如，被追诉人行使辩护权、沉默权、非法证据排除、法律援助权等权利，在一定意义上会加剧国家权力与个人权利之间的对抗，从而增加办案机关获取案件信息和调查取证的成本。

权利型诉讼经济的目的是尽可能降低被追诉人在诉讼中为保障自身权益而投入的成本，从而实现权利保障效益的最大化。首先，赋予被追诉人选择诉讼程序的权利。在保障被追诉人基本权利的基础上，鼓励被追诉人认罪认罚、放弃复杂程序，选择简易程序。其次，促进诉讼环节的简单化与诉讼进程的快速化。鉴于参与每一诉讼环节都要付出相应的成本，环节越多，时间越长，极大地消耗了当事人在诉讼过程中投入的时间经济成本等。权利型经济的实现途径之一，是

---

① 左卫民等：《简易刑事程序研究》，法律出版社 2005 年版，第 5~6 页。

通过尽可能简单的诉讼流程来处理案件，以缓解当事人的诉累。最后，国家提供权利保障支持。为了维护自身利益，被追诉人势必需要投入一定的经济成本，而经济能力相对较弱的人并不足以承担。对此，在权利性经济架构下，那些弱势群体的权利保障由国家提供，如提供公设辩护人、限制保释金的金额等。

长期以来，我国刑事程序贯彻“超职权主义”的理念。这种重打击、轻保护的思路，追求的正是一种权力型的诉讼经济。从上文的实证分析可见，我国刑事速裁程序体现的是权力型诉讼经济。如公、检、法三机关建立联合办案机制，通过互相配合的方式快速处理案件；又如限制被追诉人的程序选择权、法律援助保护不充分、量刑优惠不均衡等。虽然2012年刑诉法修改时增加了庭前证据开示、非法证据排除、不得强迫自证其罪等关乎被追诉人权利保障的规则，表明我国刑事诉讼程序正逐渐向权利型的诉讼经济性转变。但同时也从另一面加重了司法负担。现实中司法机关承担的职能过多，加之辩护活动开展不力，很多本来应由被告方为诉讼做准备的活动大量堆积到法官身上，导致法院消耗成本变大；侦、诉、审的高效推进伴随着高羁押率也是另外一种形式的资源消耗；认罪激励制度的不健全加重了司法机关对查明案件真相的压力等。可见，从经济性诉讼制度的角度看，我国刑事速裁程序的改革应当转向对权利性经济的关注。

### （三）证据裁判原则

证据裁判原则是现代证据法的立法基石。据以定案的事实均需以证据为基础。证据裁判原则的发展历史可以概括为三点：第一，从证据之于裁判的意义来看，经历了“证据不是裁判的必要条件”到“证据是裁判的必要条件”的转变；第二，从裁判所依据证据的性质来看，经历了“非理性证据”裁判到“理性证据”裁判的转变；第三，从证据价值观念来看，经历了“真实性”价值观到“真实性”与“合法性”并重价值观的转变。①

大陆法系国家奉行证据裁判原则，既强调法官具有调查取证的权力，又规定了严格的取证、认证程序。例如，法国《刑事诉讼法典》第四百二十七条明确规定，在轻罪的审判程序中，“除非法律有另外的规定，罪行可以通过各种证据予以确定。法官只能根据经过法庭辩论的证据作为裁判”。即便是对违警罪案件的证据处理，同样适用四百二十七条之规定。德国《刑事诉讼法典》第二百四十四

① 陈卫东：《论刑事证据法的基本原则》，《中外法学杂志》2004年第4期。

条规定，为了查明事实真相，法官应当将调查取证的职权扩大到所有影响判决的证据事实。此外，第二百六十一条规定证据被法庭采纳需要得到法官的内心确信。英美法系国家奉行当事人主义，由控辩双方推动诉讼的进程，法官消极被动。虽然法官一般不主动调查取证，但这并不意味着他们不受证据规则的约束，英美法系国家普遍设置了有关证据关联性、可采性、证据出示、非法证据排除等规则，而这些规则都是建立在证据裁判原则基础之上的。[①] 由于辩诉交易在英美国家广泛适用，其证据裁判规则职能在少量的普通审理程序中彰显。

根据证据裁判原则，办案机关在适用刑事速裁程序时应当遵守以下规则：第一，对案件事实的认定必须依据证据。理论界普遍认为刑事诉讼法应当区分对实体事实的证明和对程序法事实的证明。其中，应纳入证据裁判范围的事实问题包括：犯罪事实是否存在；由谁实施的犯罪行为；实施犯罪的时间、地点、手段等；有无从重、从轻或者免除处罚的情形；被追诉者有无刑事责任能力等。而管辖、回避、诉讼期限等程序性事项一般不纳入证据裁判原则的范围。第二，裁判所依据的证据必须具有证据资格。以暴力、胁迫等不正当讯问方法得到的证据，不得作为证据。第三，只有依照程序调查核实过的证据才能用以认定犯罪事实。根据证据裁判原则，不满足上述一、二点要求且没有经过正式调查的证据，就不能据此认定相关犯罪事实，应当推定无罪。

### （四）程序参与原则

程序参与原则，是指被追诉人及其辩护人（也包括所涉及的利益相关人及其代理人）都具有主体资格参加诉讼，对关系自身的人身、财产等权利性事项，享有知情权、辩护权、救济权等权利，而保障上述权利亦是权力机关的义务。程序参与原则贯穿于刑事诉讼程序始终，在诉讼中发挥着重要作用。具体包括以下要求：第一，办案机关作出与程序参与人利益相关的决定时，他们能参与程序并表达自己的意见。根据这一要求，在诉讼过程中，如果办案机关对被追诉人作出起诉决定、采取强制措施等，都应当听取被追诉人及其辩护人的意见。第二，各诉讼参与人，尤其是被追诉人及其辩护人能够顺畅地陈述意见。这就要求《刑事诉讼法》不仅应当明确允许程序所涉利益人员参与，还应当对他们的参与从实质上提供便利与机会。如程序参与者有充分的机会提出支持自己意见的证据与

① 宋英辉、李哲：《证据裁判原则评介》，《政法论坛》2003 年第 4 期。

论证，并享有相应的救济途径。第三，被追诉人及其辩护人参与诉讼是实质性的，他们的意见和辩解能够对程序进展与诉讼结果产生影响。比如，在侦查阶段，要保障律师的阅卷权、会见权和调查取证权；对没有聘请律师的犯罪嫌疑人，要保障他们能够及时了解案件的办理情况以及获得法律援助等权利。①

程序参与原则的三点要求，具体到刑事速裁程序又体现为以下内容。第一，办案机关应当及时告知被追诉人适用速裁程序时所享有的诉讼权利，以及认罪认罚后的量刑优惠政策。第二，办案机关应当确保被追诉人及其辩护人“富有意义”地参与。对此，办案机关应当履行以下义务：确保被追诉人知悉自己被指控的罪名，能够提出主张、意见和证据，拥有充分的参与机会；确保被追诉人能够选择是否适用速裁程序，或是在程序进行中、结束之前，有权要求将案件转为普通程序；确保被追诉人能够获得有效的律师帮助；将被害人视为刑事纠纷的当事一方，听取他们的意见与诉求；确保律师的会见权、调查取证权、代理申诉与控告等权利。第三，办案机关应当在诉讼过程中对诉讼参与人给予人道待遇。参与者应自愿地参与诉讼活动，不受任何形式的强迫与威胁，确保值班律师能够提供有效的法律帮助。

## 二、明确刑事速裁程序的功能定位

刑事速裁程序的功能，即指该程序所能发挥的有利的作用。刑事速裁程序在本质上属于一种审判程序，自然具有普通审判程序的定纷止争、维护社会秩序等基本功能，办案机关也必须严格遵守程序法定原则来办理犯罪案件。但是，各国立法之所以设置刑事速裁程序，就是希望通过特殊程序来弥补普通程序在诉讼效率上的不足。所以，与普通审判程序的复杂完整性相比，刑事速裁程序所蕴涵的简捷、高效、经济等特征，决定了该程序在案件分流与纠纷解决上具有独特的功能。

### （一）案件分流功能

典型意义上的普通审判程序以控辩对抗为前提构建，但是在司法实践中，大多数轻罪案件的被告人会选择认罪，控辩双方多以合作为基础而非激烈对抗。对此，构建速裁程序将被告人认罪认罚的轻罪案件从普通程序中分流出来，更

① 宋英辉：《刑事诉讼原理导读》，中国检察出版社 2008 年版，第 115~116 页。

能集中力量办理少数重大疑难案件，实现司法资源的最优配置，确保案件裁判质量。并且，根据罪行的轻重程度、被告人社会危险性的大小、是否获得被害人的谅解等情形，司法机关可以在量刑上予以更大幅度的优惠，在此意义上有利于社会秩序的恢复。

在现代社会，犯罪的激增和司法资源的有限性之间的矛盾促使各国在追求诉讼公正的同时，更加强调诉讼效率价值。与此同时，“二战”以后，刑罚目的由一元化转向多元化。刑罚个别化已成为一项原则指导着各国的刑事司法改革。在刑罚适用和量刑权衡上根据犯罪行为的危害程度对犯罪人进行分类，如累犯、偶犯、成年犯、未成年犯、重罪犯、轻罪犯等类型。根据上述分类，司法机关以个别预防为衡量标准对犯罪人适用不同的刑罚。并且，在刑事诉讼过程中对犯罪人的处理非罪化或者轻缓化。对犯罪人进行处置的要旨在于奉行刑罚的谦抑精神，对于确定或者不确定的犯罪行为人，根据证据的力量、政策倾向、犯罪人个人情况，可以以有限适用非刑罚措施加以处理。在刑事司法与执法中的社会化处理方式。在我国，最高人民法院、最高人民检察院也相继出台了不少关于非犯罪化、非监禁化的处罚措施的司法解释和内部指导文件。因此，伴随着对效率的追求和刑罚观念的转变，刑事程序分流的做法得以出现。

所谓“刑事程序分流”，理论界有广义与狭义两种不同的概念。狭义上的刑事程序分流，是指对一些特殊的犯罪案件，追诉机关根据罪行的轻重与犯罪者的人身危害程度，在侦查或者起诉阶段即作出终止诉讼的决定，并处以非刑罚的惩罚措施。这些措施主要包括警告、不起诉、暂缓起诉、社区服务等形式。广义上的刑事程序分流，除了狭义层面的概念外，还包括法官在审判阶段适用比简易程序更加简易的程序进行审理。[①] 理论界一般采取广义上的概念。刑事速裁作为一项典型的刑事程序分流制度，适用案件的范围是被告人认罪认罚的轻微犯罪案件。此外，刑事速裁程序能让控辩双方之间有更多的对话与合作机会，将协商机制引入刑事司法程序，使诉讼主体之间能够求同存异，从而减少犯罪导致的继发冲突、预防新的犯罪产生，也可以说是案件分流的一种功能呈现。

## （二）纠纷解决功能

“从词源上看，‘诉讼’是指以言辞形式表现的纠纷，是‘诉’的行为和

---

① 黎晓露：《刑事程序分流制度研究》，中南财经政法大学 2017 年博士论文，第 1~2 页。

‘讼’的现象的结合。诉讼源于纠纷，所以诉讼首先具有纠纷解决的功能。”[①] 从古至今，不管是野蛮的裁决方式还是彰显法治文明的现代诉讼，解决纠纷始终是其首要功能，该功能随着法律制度的日益完备而得到更好发挥。随着国家的产生和社会文明的进步，解决纠纷的方式也在发展变化，从原始时期的野蛮裁决，到允许受害人追诉犯罪，再到国家垄断公诉制度的形成，解决纠纷始终是诉讼的功能。“从刑法文明史上看，刑法与刑事诉讼法的分野，‘追诉犯罪、惩罚犯罪’一直视为刑事诉讼的应有功能，在过去很长一段时间内甚至被视为唯一功能。”[②] 但是，现今刑事追诉除少数特殊犯罪（自诉案件）以外，几乎都由国家垄断追诉，通过以国家强制力为保障的公诉制度来追诉犯罪行为人，并以国家权力保证追诉活动的顺利进行。达玛斯卡教授也曾指出：“19 世纪的普通法文化认为，解决冲突的裁决形象对法律的形象有着极大影响。在考虑各种诉讼时，这一形象仍在自我暗示，以致所有诉讼的终极目标均被视作公正地解决争端。”[③] 显然，从古至今刑事诉讼的最终目的始终都是解决纠纷。

我们在分析刑事速裁程序的纠纷解决功能的时候，不能将之与普通刑事诉讼程序的纠纷解决功能等同。这是因为，普通审理程序在程序公正价值上展现其优势，但人们逐渐意识到传统刑事司法制度和报应刑法观有局限性，普通程序在处理轻微犯罪案件时存在不必要的资源浪费等弊端。具体案件应当具体分析，对个案的处理并非一定要获得非此即彼的结果，对此，各国纷纷修改刑事程序法来构建多元化诉讼体系，以求达到个案纠纷解决的最佳效果。在构建和谐社会、有效化解纠纷的目标下，减少对抗，增强合作，扩大程序自治，已成为我国刑事诉讼制度发展的重要趋势。在这一背景下，刑事速裁试点得以顺利开展并成为普通审理程序的重要补充。而认罪认罚从宽改革的推行，又为刑事速裁程序夯实了其正当性基础。

恢复性司法作为一种由犯罪行为人、被害人、社区共同参与的有别于传统的刑事纠纷处理的方式，已被广泛运用于各国刑事领域。其基本理念是，惩罚犯罪除了纠正被犯罪行为损害的社会关系以外，也是一种个人与个人关系甚至犯罪人自身行为的修正。恢复性司法最初适用未成年人犯罪，之后扩大到轻罪甚至重罪案件。我国于 2012 年修改的《刑事诉讼法》就引入了刑事和解制度，正式

① 詹建红：《刑事诉讼契约研究》，中国社会科学出版社 2010 年版，第 87 页。
② 林钰雄：《刑事诉讼法（上册）：总论编》，中国人民大学出版社 2005 年版，第 6 页。
③ 米尔建・R.达马斯卡著，李学军等译：《漂移的证据法》，中国政法大学出版社 2003 年版，第 154 页。

在立法上回应恢复性司法理念。刑事速裁程序在一定程度上也体现了恢复性司法的精神。一方面体现在当事人对案件处理程序的认同和参与度；另一方面则体现在当事人对纠纷解决方式的满意度，以控辩双方合法自愿合作的方式下达成的合意，在一些情形下较对抗方式获得的结果更能让当事人满意。整体而言，刑事速裁程序对于促进诉讼中的合作起到了积极的促进作用，不仅有利于刑事速裁程序的广泛适用，也能进一步保障被告人认罪认罚程序的正当性。

## 第二节　我国刑事速裁程序完善的具体方案

被告人认罪的案件，控辩双方对犯罪事实和证据没有争议，对抗性低，所以可以适用简易的审判程序。但是，认罪案件又可以区分为简单轻微的案件和相对严重的案件，对此我们应当加以区分适用不同的审判程序。当前我国认罪案件审判程序尚不完善，在种类上只有简易程序和速裁程序，案件的层次化标准不明确，审理方式也过于单一，在促进程序分流和保证人权方面的问题一定程度上阻碍了刑事诉讼程序的科学发展。因此，我们应当厘清案件的繁简程度、可能判处的刑罚等方面的差异，完善现行的刑事速裁程序，从而推进我国认罪案件审判制度体系的全面发展。

### 一、细化刑事速裁程序的适用标准

#### （一）案件的层次化标准

刑事速裁程序案件范围的大小，直接影响公正与效率的平衡性。由于刑事速裁程序简化了侦查、批捕、审查起诉、社会调查等诉讼环节，考虑到犯罪嫌疑人、被告人基本权利的保障，其适用范围应作出严格的限制。主要有以下几种观点：（1）对于依法可能判处一年以下有期徒刑刑罚或是免于刑事处分，事实清楚、证据充分、被告人认罪且同意适用速裁程序的刑事案件；（2）犯罪事实清楚、证据确实充分、被告人认罪且同意适用速裁程序，可能判处一年有期徒刑以下刑罚的，限于危险驾驶、交通肇事、盗窃等特定范围的轻微犯罪案件；（3）对于依法可能判处三年以下有期徒刑刑罚或者免于刑事处分，事实清楚、证据充分、被告人认罪且同意适用速裁程序的轻微犯罪案件。在我国，2014 年刑事速裁试点采取的是第二种观点，而 2016 年的认罪认罚试点方案将速裁程序的适用范围扩大至可能判处三年有期徒刑以下刑罚的案件，该方案于 2018 年在刑事诉讼法修改时获得立法的确认。

设置多元化的简易程序是各国刑事司法改革的共识，而针对我国单一的简易程序，最关键的问题是丰富简易程序的层次性。然而，刑事速裁程序的范围上调到三年，将导致部分案件在简易程序与速裁程序适用上的竞合，两个层级的竞合与保留并没有实现丰富简易程序层次性的改革目的。我国的简易程序体系可以将被告人认罪的轻罪案件再划分，由此体现出简易程序“轻微—较轻—较重”变化的层次性特征。其中，轻微对应的是刑事速裁程序，后两类对应的是两种情形的简易程序。

本书认为，对于可能判处一年有期徒刑以下刑罚的案件可以增设刑事速裁程序的书面审程序，原因在于：第一，根据前文论述的简易程序“轻微—较轻—较重”变化的层次性特征，由重罪简易程序、轻罪简易程序以及刑事速裁程序组成。其中，重罪简易程序适用于可能判处有期徒刑三年以上的案件；轻罪简易程序是建立在独任审判的基础之上的，适用于可能判处三年以下有期徒刑、拘役、管制、单处罚金的刑事案件。在此基础上，对一年以下的刑罚案件适用刑事速裁程序中的书面审，可以形成科学合理的刑事简易程序体系。第二，2018 年《刑事诉讼法》将刑事速裁案件适用范围上调到三年，也没有限制案件范围，无疑不符合繁简分流的要求。基于实用主义的考量，实证研究中本书已经指出有大量速裁案件的庭审流于形式，也有一些地方法院探索书面审方式取得积极的效果①，莫不如借鉴处罚令程序，增设书面审方式以提升诉讼效率。

但是，增设刑事速裁程序书面审方式，并不意味着要回归 2014 年刑事速裁试点时期的做法，而是从另一角度来扩大刑事速裁程序的适用范围。其一，拓展刑事速裁程序适用的积极条件。即可以考虑将更多符合条件的可能判处一年以下有期徒刑的案件纳入速裁程序的适用范围之内。其二，取消一些关于速裁程

① 郑敏：《在正当程序的框架下构建刑事速裁程序书面审理制度》，《中国审判》2015 年第 17 期。

序的禁止性规定。诚然，一些如事实不清、证据不足、辩护律师作无罪答辩等案件理应禁止适用速裁程序。但有的禁止性规定是可以取消的。例如，对于违反取保候审、监视居住规定的犯罪人禁止适用速裁程序的，以剥夺其程序选择权加以处罚是违反程序正义原理的。

### （二）认罪自愿性的标准

当事人之间达成合意是启动刑事速裁程序的前提，也是诉权理论在刑事诉讼中的体现。虽然刑事诉权不像民事诉权那般宽泛，但不能因此否认刑事诉讼中不存在诉的处分权。一旦承认刑事诉权之处分权，那么许多刑事诉讼制度的建构都能获得系统的理论支撑。域外法治国家大多承认刑事诉权，这表明无论将案件分流与否，还是采取何种分流程序的问题上，当事人都享有一定程度的处分权。

第一，启动程序分流应当以被追诉人"同意"为前提。被追诉人"同意"不能等同于被追诉人"认罪"。"同意"是被追诉人对程序性事项的认可，是启动程序分流的基本条件；"认罪"是被追诉人对追诉机关指控罪名的承认，具有一定意义的证据能力，甚至会对实体性裁判产生决定性影响。被追诉人表示"同意"应体现为：被告人承认指控的罪名及量刑建议；同意适用刑事速裁程序；明确知道适用速裁程序的法律意义和后果；获得辩护律师的有效帮助。

第二，保证控辩双方的证据交流与资源共享。由于证据是刑事诉讼的核心内容，控辩双方在证据资料的交流与共享，有助于他们在程序性事项上达成合意。因此，应当保障被告方的阅卷权、知悉权、调查权证权，完善证据开示制度，保障他们能够随时了解案件的进展情况，以权衡是否认罪、是否同意适用速裁程序。资源共享的重点在于检察院、法院有义务保护辩护一方实现其诉讼权利。例如，被告人向检察院、法院提出证人出庭、调查取证的申请，无正当理由一般不得拒绝。

## 二、增设刑事速裁程序书面审方式

### （一）增设书面审的必要性与可行性

刑事速裁案件法庭审理最突出的问题是庭审方式过度程式化、形式化。从近年来媒体对速裁程序的宣传报道来看，速裁程序的法庭审理几乎都是数分钟结束，颇有点庭审“走过场”的意味。有学者在基层法院调研时发现，法官庭前阅卷时间平均长达两个小时，远远超过平均十分钟的庭审时间。并且，法官的庭前阅卷也通常是“以阅代审”，直接通过阅卷形成内心确信，甚至提前制作裁判文书，从而演变成为一种“无声的审判”。[①]“无声的审判”使得审前程序成为刑事诉讼的“中心”，违背了以审判为中心的基本诉讼原理。所以，“凡案必开庭”的做法备受争议。与之相应，建立速裁程序书面审的呼声不断高涨。同时，据调研发现，绝大多数试点地区适用速裁程序的多为几乎无任何争议的危险驾驶、盗窃、交通肇事案件，其中危险驾驶罪占一半比例以上，如果这些轻微犯罪案件都要经过庭审，无疑会给审判机关带来不必要的负担。[②]相反，如果借鉴域外的刑事处罚令程序，增加书面审方式，同时保留被告人转为正式庭审的权利，那么可以做到“简易程序但不简化权利”。

从调查访问来看，有不少检察官和法官主张对于事实清楚、证据充分，被告人对定罪量刑都没有异议的一些轻微犯罪案件（如醉驾案件），可以以书面审代替开庭审理。对于检察院而言，书面审的案件无需出庭支持公诉，可以节约检力资源；对于法院而言，书面审理可以将审判力量集中于复杂疑难案件，节约案件管理的时间与精力。不过，一些法官对书面审的方式也抱有一些顾虑，毕竟没有在法庭上听取控辩双方的辩论，心中无法有确定的把握。对此，应该在庭前认罪程序结束后，要求辩护律师针对速裁程序以及书面审提交一份说明，内容包括被告人认罪自愿性的确认，以及被告人对于法律适用、量刑建议的同意，从而打消法官对书面审的担忧。

### （二）书面审的适用条件

由于速裁程序书面审是以牺牲被告人获得开庭审理的权利为代价的，所以根据比例原则，应当将对被告人造成最小程度的损害为底线，速裁程序书面审适用的对象只能是犯罪情节和刑罚轻微的案件。例如，德国的处刑命令程序原则上只适用于判处一年以下有期徒刑、罚金刑、单处从刑的刑事案件；意大利和日本的刑事处罚令程序只适用于财产刑；我国台湾地区则针对宣告缓刑、拘役和罚金刑的案件。可见，域外速裁程序书面审的案件范围局限于事情清楚的轻

① 兰荣杰：《刑事判决是如何形成的？——基于三个基层法院的实证研究》，北京大学出版社 2013 年版，第 113 页。

② 刘广三、李艳霞：《我国刑事速裁程序试点的反思与重构》，《法学》2016 年第 2 期。

微犯罪案件。正如本书在实证章节中总结，自速裁案件适用范围扩大到可能判处三年有期徒刑以下刑罚的案件后，不仅导致速裁程序与简易程序之间形成竞合关系，而且诸如危险驾驶这类几乎没有争议的案件依然开庭审理形成了“走过场”现象，这些问题都诉诸于刑事速裁程序优化的另一种思考，即增设书面审方式。借鉴域外处罚令制度，结合我国刑事速裁试点经验，本书认为可以参考2014 年《速裁试点办法》的相关规定，对可能判处一年以下有期徒刑以下刑罚的特殊范围内的刑事案件，法院可以自由裁量是否适用速裁程序书面审的方式。

1. 启动方式

刑事速裁程序的启动方式可以设置为三种：其一，检察院申请适用，即被告人通过书面形式向检察院表明其自愿认罪且同意适用速裁程序的，检察院对被告人的自愿性进行审查确认后，向法院提出适用速裁程序处理相关案件的建议，是否准予由法院决定；其二，被告人申请适用，即被告人及其辩护人可以直接向法院申请适用速裁程序的，无需以检察院同意为前提，是否准予由法院决定；其三，法院决定适用，即检察院提交的案件起诉书送达法院后，法院经初步审查，认为该案能够适用速裁程序处理的，并经征询检察院和被告人意见后确无异议的，得直接决定启动速裁程序对案件进行审理。通过前两种方式启动速裁程序的，法院作出准予适用决定后，检察院应当尽早向法院移送案件卷宗及证据材料。

在这三种启动方式中，第一、二种方式体现了控辩平等原则，赋予被告人平等的程序选择权，有利于平衡检察机关和被告人的诉讼地位。同时，为了制约检察院的公权力，将征得被告人同意作为启动程序的条件之一。第二种方式解决了现行法中被告人程序选择权的独立性问题。第三种方式是继承了简易程序的启动方式，一方面允许了被告人通过在进入审判阶段时作出有罪供述，获得申请适用速裁程序的权利；另一方面规定了在检察院与被告人均未提出适用速裁程序时，法院有自行决定适用该程序的权力，但也同时规定了该方式须以征得控辩双方的同意为前提，避免法院审判权力的扩大。

2. 处理程序

本书主张，刑事速裁程序应当以书面审为原则，主要依靠卷宗材料和检察官的量刑建议书对被告人作出裁判，审理方式为法官独任审判。法官在适用书面方式审理案件的过程中，如果对于具体事实或证据的认识或把握无法形成内心确认，可以组织控辩双方的人员到庭回答法官疑问或作情况说明，以帮助法官作出正确裁判。但控辩双方此时的到庭方式与开庭审理有着根本区别。开庭审理的到庭强调的是控辩双方必须同时到庭，并就相关事实与证据问题进行辩论、表达意见和提出主张，具备正式性；但书面审理的到庭则属于非正式的性质，有法官根据需要传唤一方或双方进行询问，到庭人员的回应以回答法官疑问为目的，一般不会提出新的主张。以危险驾驶罪中的醉酒驾驶情形认定为例，犯罪嫌疑人因酒精测试未通过而被交警查获后，现场勘验笔录、现场录音录像及嫌疑人的血液酒精浓度检测结果会被一同移交公安机关，由公安机关决定是否需要刑事立案；若构成刑事犯罪则由检察院决定是否起诉。公安机关决定立案后，嫌疑人可以主动申请适用速裁程序，也可以待检察院询问其程序适用意见时作认罪和同意表示。法院在审查被告人认罪与同意的自愿性和真实性之后，可以直接进入书面审理程序，必要时可以传讯或者提审被告人。经书面审理后，若没有法定中止速裁程序的情形出现，则可以采纳检察官的量刑建议作出判决，否则应当转为普通程序开庭审理。

## 三、完善刑事速裁程序的证明标准

证明标准是指法律规定的运用证据证明犯罪事实的标准。我国刑事诉讼法确定了证据确实、充分、排除合理怀疑的证据规则。该证据规则是否应当适用于刑事简易程序在学界一直存在争议。自 2012 年刑诉法简易程序适用范围扩大至基层法院管辖的认罪案件，在我国则产生了对“认罪案件”与“不认罪案件”是否采取同一证明标准的探讨。

### （一）我国刑事简易程序的证明标准

我国《刑事诉讼法》确立了“排除合理怀疑”证明标准，但是在立法上并没有明确“排除合理怀疑”是否适用于简易程序。学术界对刑事证明标准的研究集中于《刑事诉讼法》第五十五条，而该条的核心要义是“重证据、重调查、轻口供”的办案原则。根据这一原则，第五十五条实际上设计了认罪案件与不认罪案件的证明规则：第一，对认罪案件的处理，确定了仅有口供不能定罪的规则。在认罪案件中，如果没有其他证据补强供述，不能仅凭被告人口供认定被告人有罪；第二，对不认罪案件的处理，确定了无口供但证据确实仍可定罪的标准。即对于被告人不认罪的情况，法官审查核实的证据需要“确实、充分”，才能作出有罪判决。从而可见，仅仅从第五十五条的规定并无法得出认罪案件与不认罪案件是否都适用“证据确实、充分”证明标准。

不过，《刑事诉讼法》第二百一十四条规定，简易程序的适用条件之一是“案件事实清楚、证据充分”。而简易程序只适用于认罪案件，这说明法官对被告人供认不讳的案件，可以直接采信控辩双方无争议的事实与证据。因此，从文义解释上看，“证据充分”被视为简易程序作出有罪判决的证明标准。对“证据确实”这一规则，简易程序并未明确，也就意味着适用简易程序的每个证据并非均需要查证属实，在证据充分的前提下，每一案件无法绝对保证证据之间相互印证，由此看来简易程序的定罪证明标准也并未明确。早在我国2003年《关于适用简易程序审理公诉案件的若干意见》第七条就已有规定，在独任法官对被告人告知认罪后果后，被告人仍自愿认罪的且对起诉书所指控的犯罪事实无异议的案件，法庭可以直接作出有罪判决。事实上，这一规定将自愿认罪的后果转移给了被告人，从而弱化了证据确实的证明标准。

### （二）刑事速裁程序证明标准降低的必然性

刑事速裁程序是比简易程序更为简易的程序，设置刑事速裁程序的首要目的是提高效率，故该程序必然要大幅度压缩庭审时间或减少庭审事项。例如，美国法官是通过讯问被告人和审查辩诉交易报告来确认辩诉交易事实基础的。而在德国，则是简化了证据调查环节，既不需要传唤被告人，证据调查也可以不适用直接原则。处罚令程序的庭审则更加简化，法官可直接书面裁决，无需开庭审理。可以说，书面审的方式带来了速裁程序证明标准的变化。

刑事速裁程序证明标准的降低必然会带来庭审实质化与庭审形式化之争，如何在二者之间寻求平衡并不容易。庭审实质化与庭审形式化之争，实为公正与效率的冲突。现代刑事诉讼法在价值判断上选择公正优先于效率，但鉴于犯罪率增长与司法资源有限的不平衡性，使得诉讼效率在当今刑事诉讼程序中地位更加突出。为了保证刑事程序的有效运行，司法资源应根据案件的重要和难易程度优化配置，复杂案件配置更多资源，反之亦然。其中，简化诉讼程序正是对轻微犯罪案件配置司法资源的一种方式。一方面，对于认罪且没有争议的事实与证据如果机械地遵照直接言辞原则，只能让法庭调查程序流于形式，难以发挥其发现案件真相的功能。另一方面，效率优先并不代表放弃公正。刑事速裁程序试点方案设计了一些保障性原则与制度，比如不得强迫自证其罪原则、法律援助值班律师制度、法官审查认罪自愿性等。在保证最低限度公正的前提下，如果将认罪案件与非认罪案件适用同一诉讼程序甚至统一证明标准，将无法发挥速裁程序节约司法资源的功能。

### （三）刑事速裁程序证明标准的合理设定

合理设定速裁程序的证明标准，需要综合考量实体真实、诉讼效率、人权保障等多重因素。前文已论证被告人认罪是速裁程序证明标准降低的主要原因，这意味着该程序不必坚守“排除合理怀疑”，即对被告人定罪事实的证明可适当低于普通程序要求的“排除合理怀疑”。日本学者田口守一主张：“简易程序中的真实是经过简化审认定的实体真实。在推进程序多元化的过程之中，实体真实的样态也需多元化，一些案件需要严格查明真实，有些案件只需相对查明真实即可。”[①] 不过，证明标准的适当降低不代表放弃实体真实和人权保障，如何最大程度地防范错判是速裁程序证明标准的最低限度。

刑事速裁程序的证明以被告人口供为中心，围绕着如何保证与确认被告人口供的真实性而展开。由于在审理认罪案件时，控辩双方已经不存在争议，法官自认会偏向口供中心主义证明模式，其他证据则主要是为了印证被告人口供的真实性。然而，刑事速裁程序由于被告人认罪，资源配置较少，办案机关收集的证据有限，所以不能对案件事实进行全面印证。也正因为如此，速裁试点实践中的印证过程呈现“形式化”倾向，即只要与口供之间不出现明显的矛盾即可，无需过多考虑印证的内容与程度。因为印证证明的不足，立法者更加倾向于通过确保口供自愿性来保证案件真实。《速裁试点办法》的四项适用条件中有三项是关于口供自愿性的规范，司法机关对口供自愿性的审查也贯穿于诉讼程序的始终。可见，无论是立法还是司法上，我国刑事速裁程序采取的是以口供自愿性为主、印证证明为辅的证明模式。在此基础上，我国刑事速裁程序的证明标准应当作出以下设计。

第一，被告人供述自愿性的证明应达到“排除合理怀疑”的程度。因为在速裁程序中被告人供述是核心，那么对于被告人供述的自愿性的审查则是关键环

---

① ［日］田口守一著，张凌、于秀峰译：《刑事诉讼法》，中国政法大学出版社 2010 年版，第 16 页。

节。只有保证被告人供述的自愿性才能够最为真实地发现事实真相，进而有效防止误判、错判以及权力滥用现象的发生。

第二，法官审查认罪事实可不受直接言辞原则的约束，以书面审查为主、讯问为辅的方式。法庭审查核实的重点在于：一是审查被告人认罪的自愿性、真实性以及是否明知认罪后将产生的法律后果；二是审查被告人供述与其他证据材料的印证程度，这只需要符合“大致心证”即可，如果基本事实没有争议与矛盾，则可以认定被告人的有罪供述存在事实基础，法官可据此作出判决。

## 四、调整刑事速裁程序的流程管理

考察刑事速裁程序的运作方式，可见该程序并非是一种简单意义上的简易审判程序，而是刑事诉讼全流程的简化。在刑事速裁试点改革过程中，一些试点法院已经注意到仅强调审判程序的简化，无法解决整个刑事诉讼程序的效益问题，于是开始探索刑事诉讼全流程的简化改革，具有代表性的有南京市中级法院的“刑拘直诉模式”与北京市海淀区法院的“全流程简化模式”。

“刑拘直诉”是一种司法实践用语，是指公安司法机关对一些涉嫌轻微犯罪的被追诉人不采取拘留、逮捕措施而直接进行相应的诉讼活动。刑拘直诉制度最显著的特征是避免了冗长的审查批捕程序，缩短了犯罪嫌疑人、被告人的未决羁押期限，这样既能督促办案机关提高工作效率，又能避免过去法院经常采取的“依据羁押期限来量刑”的做法。此外，刑拘直诉模式突破了传统的流水型诉讼构造，将一些诉讼环节进行合并或重叠，以简化公安司法机关内部办案环节的快速流转。与刑拘直诉模式比较，全流程简化模式能更好地发挥繁简分流的功能，也更能有效保障被追诉人的诉讼权利。第一，将速裁程序的起点前移到侦查程序，以犯罪嫌疑人被采取强制措施之日作为速裁程序的识别窗口，在征得他们同意后，依照“先入为主、不符即出”的原则适用速裁程序。第二，公、检、法三机关在看守所内设置了专门的速裁办公区，公、检、法三机关可以联合办公，既能有效缩减案件流转时间，又为办案机关之间的沟通提供便利。第三，开展信息化平台的建设，实现各办案机关之间的信息数据共享。例如，海淀区法院开发案件信息共享系统，使证据与文书信息在系统中快速传递分享；建立同步数字法庭实现远程庭审；在监区建立视频系统，保障嫌疑人与值班律师及时会见；开发文书自动生成系统以及数字化档案管理系统等。[①] 海淀区法院的全流程模式将侦、诉、审环节作集中合并，从整体流程上提高了诉讼效率，是对刑事速裁制度改革的全新探索。

根据我国司法改革的基本现实，结合上述改革试验的经验，本书认为刑事速裁程序的流程管理重点在于全流程简化：一是诉讼流程的压缩，二是内部审批环节的减少。第一，诉讼流程的压缩，是指在取消审查批捕程序的前提下，实现侦、诉、审的融合，检察机关可提前介入侦查，如果发现案件属于刑事速裁的适用范围，可以与犯罪嫌疑人进行认罪协商，一旦获得认罪答辩后，即将适用速裁程序的申请书以及协议提交法院，法官无需开庭审理，可就被告人认罪自愿性进行审查后立即裁判。第二，内部审批环节的减少，在司法责任制改革深入推进的背景下，法官、检察官办案更加自主独立，对于速裁案件无需向上级部门汇报，也不必提交检委会、审委会讨论，控辩双方进行协商后可以直接向法院提出量刑建议，法官在确认被告人认罪自愿性后可根据检察官的指控书径行判决。内部审批环节的减少还意味着改革法院、检察院的内部行政审批机制，转变为外部程序流转。

## 第三节 我国刑事速裁程序运行的配套措施

在哲学世界观中，物质世界是系统存在的，整个世界是由互不相同却互相联系的有机部分组合而成的具有特定功能的系统。所以，任何一项刑事诉讼制度都不是单独存在的，必须在一个完整的刑事诉讼体系中才能发挥其应有的功能。我国刑事速裁程序的改革亦是如此，仅通过优化自身的制度设计无法完全实现改革目的，还需要考虑健全相应的配套机制，否则，刑事速裁程序的基本功能不仅无法实现，还可能带来一系列的负面影响损害其价值目标。

① 李少平：《最高人民法院关于进一步推进案件繁简分流优化司法资源配置的若干意见》，人民法院出版社 2016 年版，第 115~120 页。

## 一、构建独立认罪审查程序

刑事速裁程序以被追诉人认罪为前提，通过尊重他们的程序选择权，巩固其诉讼主体地位，促使其主动与办案人员沟通、协商，进而强化他们对速裁程序和裁判结果的认同感。程序选择权是被追诉人的一项基本的诉讼权利，包括被追诉人有获悉、申请和拒绝适用速裁程序的权利，以及明智、自愿作出选择的权利。保证被追诉人程序选择权的前提是保证其知悉适用速裁程序的机会与后果，毕竟程序的简化使被告人的权利受到较多限制，使其丧失了获得无罪判决的可能。故应当构建独立的庭前审查程序以确保被追诉人认罪的自愿性。构建独立的庭前认罪审查程序的意义主要在于两点：一是确认被告人认罪的真实性、自愿性、明知性，审查被告人是否知悉指控的罪名以及认罪的后果，自白供述时是否受到威胁利诱、是否获得值班律师的帮助等情况；二是明确区分认罪案件与不认罪案件，在此基础上法官再决定是否适用刑事速裁程序。

具体而言，独立的庭前认罪审查程序是在检察官提起公诉后开庭审判之前，由专门的法官对案件进行审查，以决定是否将案件交付法庭审判并决定适用何种程序审理。2012 年刑诉法修改时恢复了全案移送制度，但是没有对庭前认罪审查程序作出明确的规定，导致庭前认罪审查程序无法发挥其过滤、分流案件的功能。与庭前会议制度相比，庭前认罪审查程序的分流功能更加普遍和明显，通过确认被告人的认罪态度，法官可以根据案件的繁简程度、罪行轻重、认罪情况以及赔偿谅解情况等决定适用不同的审理程序。毕竟，庭前会议一般仅适用于复杂疑难、争议较大的案件，控辩双方需要同时参加，需要消耗较多的司法资源。在认罪审查程序中，对于检察机关建议适用速裁程序的，法官在征得被告人及其辩护律师的同意后方可适用速裁程序；对于被告人主动提出适用速裁程序的，在检察机关不持异议的情况下可以适用速裁程序。

## 二、完善法援值班律师制度

维持控、辩、审的“三角形”诉讼结构，是程序正当原则的基本要求。在刑事速裁程序中，由于犯罪嫌疑人、被告人放弃了部分权利作认罪答辩，案件审判无需经历法庭调查和法庭辩论，从而弱化了诉讼程序的对抗性。在审判中心主义改革的背景下，我们更应该注重速裁程序中犯罪嫌疑人、被告人的权利保障。其中，赋予被告人律师帮助权是保障其在速裁程序中权利减损正当性的重要途径之一。

通过在看守所、人民法院派驻法律援助值班律师的途径为犯罪嫌疑人、被告人提供法律帮助，既是刑事速裁改革中保障人权的亮点，也是我国刑事辩护制度的法治表现。2015 年“两高”公布的《速裁中期报告》表明：“司法行政机关建立了值班律师库，在试点地区的法院、看守所建立法律援助工作站 342 个，共为 17177 件案件的犯罪嫌疑人、被告人提供法律帮助 20930 人次。”可见，“驻所律师”与“驻庭律师”双管齐下的法律援助值班律师制度取得了较好的效果。2018 年，法律援助值班律师制度得到了最新修改的《刑事诉讼法》的正式确认。

然而，理论界对于值班律师的角色及相关辩护权利的设置的争议从未停止。争议的焦点在于，值班律师与辩护律师的区分及辩护权利的行使。根据司法部《关于切实发挥职能作用做好刑事案件速裁程序试点相关工作的通知》规定：“值班律师的主要职责是：提供法律咨询和建议；告知犯罪嫌疑人、被告人适用速裁程序的法律后果；帮助其作出程序选择和量刑协商。”可见，在立法框架内，值班律师不等于辩护律师，他们缺少调查取证权、阅卷权和出庭辩论权等权利，其角色更似“法律咨询者”和“协商见证人”。据此，值班律师法律援助的效果大打折扣。

从值班律师制度的运行现状来看，主要存在以下问题。一是值班律师的辩护角色不明确。值班律师因不享有调查取证和阅卷权，无法全面知悉案件信息，仅仅依靠从被告人处获得的部分信息而与控方辩护甚至谈判是很艰难的。二是值班律师的“协商见证人”角色导致他们对司法机关的监督职能沦为形式。值班律师的职责主要表现在签署具结书的时候应当在场，确保被告人认罪的自愿性，但是由于其见证“走过场”的工作形式，导致值班律师并不能提供有效的法律帮助。三是值班律师职责运行缺乏整体性。值班律师并不固定跟随某一案件，而是依据轮班制决定当天应见证的案件，由此可见，对于某一当天未能完结的案件而言，并不能更好地把握案件全局。由于处理的案件较多，无法全身心投入每一起案件，在案件周转期短的压力下如何维护嫌疑人的权益也是亟须解决的问题。①

① 姚莉：《认罪认罚程序中值班律师的角色与功能》，《法商研究》2017 年第 6 期。

本书认为，在侦查阶段，值班律师“法律帮助者”的角色更多地体现在为被追诉人提供法律咨询、保证其知情权和认罪认罚的自愿性上。但是，在审查起诉阶段和审判阶段，则可以考虑赋予其“准辩护人”身份，赋予其调查取证和查阅卷宗的权利，并在此基础上充分发挥其诉讼监督和提供辩护意见的职能。其次，认罪认罚制度要求值班律师在签署具结书的时候应当在场，他们还应当对从宽的幅度发表实质性意见。最后，考虑到利益激励问题，没有必要对值班律师继续担任其援助律师或委托律师一概加以禁止。

## 三、优化认罪量刑减让机制

当前，认罪量刑减让已然成为司法机关在适用刑事速裁程序时的共识，我国在试点实践中也形成了30%、20%、10%的“三二一量刑方案”，即侦查阶段认罪认罚的可减少量刑的30%以下，审查起诉阶段的可减少20%以下，审判阶段的可减少10%以下。但是，这种量刑减让方案在试点实践中暴露了几个问题：其一，将认罪认罚情节消解在自首、坦白等其他量刑情节中，导致认罪认罚从宽量刑趋于形式化；其二，认罪量刑激励机制对长期监禁刑的案件效果较为明显，但对短期监禁刑的案件则难以产生明显的效果；其三，未对二审与一审阶段的量刑减让进行区分。这些问题已然影响了速裁程序的实践效果，也引发了诸多争议，因此我们需要从试点实践中总结经验来优化量刑减让规则。

第一，正确区分认罪与自首、坦白的构成要件。诚然，在认罪案件与非认罪案件之间，量刑结果存在一定范围的差距，自然是合理的。如果被追诉人更早作出认罪答辩，他们理应获得更大程度的量刑减让“激励”。由最高检、公安部、司法部共同印发的《刑事速裁程序试点工作座谈会纪要》规定认罪认罚的量刑减让幅度是10%~30%，但是我国2017年《量刑指导意见》规定坦白的从宽幅度在20%以内，基于此，实务部门经常混淆两种量刑规则，由此造成同案不同量刑的现象。对此，我们应当正确区别认罪与自首、坦白的构成要件。对此，在前文已有论证，认罪的构成要件包括承认犯罪事实、承认构成犯罪、承认指控的罪名三点内容。第二，设计合理的量刑减让幅度。在法学界，支持将我国最高幅度的量刑减幅设置为三分之一的学者占绝大多数，之所以持这种观点，主要是借鉴了英美国家的量刑指南。但是，这一观点并没有契合我国的司法实践。有研究者考察，对于一些轻微犯罪案件，认罪认罚带来的30%的减让幅度很难产生吸引力，因为有相当数量的被追诉者有多次犯罪记录，轻微犯罪的量刑本来就不高，减轻量刑看似幅度大，但具体到量上可能也就是减少两到三个月，对被追诉人的吸引力着实不高。[①] 对此，可以参照自首的从宽规则，将认罪认罚的最高减让幅度定位为40%，这样不仅可以将认罪与自首、坦白情节相衔接，也有利于凸显该制度的法律效果。第三，二审法院应适当降低量刑减让幅度。认罪认罚从宽制度旨在节约诉讼成本、优化资源配置，而案件进入二审程序，就意味着其将消耗更多的司法资源，也就背离了认罪认罚制度设置的初衷。那么，如果二审中被告人选择认罪认罚，那法官还是参照《量刑指导意见》中“当庭认罪”的量刑减让比例为宜。第四，在时间段上给予被追诉人一定的程序优惠，越是在较早诉讼阶段坦白的被追诉人，就越应当予以从宽处理。尽早坦白有利于节约司法资源、减少犯罪损害，也是人身危险性较小的表现，因此可以优先采取非羁押强制措施。一些试点单位已适用“和解不捕”的规则[②]，在这一经验基础之上，可以考虑将侦查阶段中犯罪嫌疑人的坦白作为其人身危险性降低的指标之一，在检察机关审查批捕时予以考虑；对坦白并选择适用速裁程序、轻罪简易程序的犯罪嫌疑人，应当将不捕作为原则，优先采取非羁押强制措施。

## 四、建设专门速裁工作队伍

近年来，各地司法机构纷纷探索如何优化配置司法资源以促进案件繁简分流，而优化资源配置的核心在于实现人案的科学配比与推进专业办案机制的建设。当前，中央授权检察院、法院进行员额制改革，选任主任检察官、主审法官，并且遵循司法规律逐步去除司法机构办案流程的科层化、行政化管理风格。这些改革举措与目前中央授权地方推行的案件繁简分流改革有相当的契合之处，对于简化案件审批手续、简化办案文书的制作等程序性事项均具有积极作用。

对检察院而言，应当推广“专人办理”“专人出庭”“集中起诉”的工作机制。“专人办理”是指派专门的办案组或承办人办理适用可能判处三年以下有期

---

① 赵恒：《论量刑从宽——围绕认罪认罚从宽制度的分析》，《中国刑事法杂志》2018年第4期。

② 《人民检察院刑事诉讼规则（试行）》与《人民检察院办理羁押必要性审查（试行）》都将当事人之间达成和解协议作为释放犯罪嫌疑人或者变更强制措施的根据。

徒刑的简易程序、刑事速裁程序的公诉案件，并定期轮换。而可能判处三年以上有期徒刑的简易程序案件，案情相对复杂，所以分案时宜归入普通案件的序列，由普通程序案件办理小组进行审查起诉。“专人出庭”是指由主诉检察官集中出庭可能判处三年以下有期徒刑公诉案件的庭审，让主诉检察官助理出庭更为简单的公诉案件的庭审。“集中起诉”是为了加快诉讼流程，还应当充分发挥案件管理部门的配合协作功能：在案件管理部门受理登记环节实行案件繁简分流、分工办理；厘清职能，为公诉部门减负，统计、录入、分案、装订、移送、归档等事务性工作都可交由案件管理部门负责，以减少内部流转环节。

检察院在每周集中对可能适用速裁程序审理的案件向法院提起公诉。对法院而言，首先应当精确测算人员、案件数量和工作量。根据上海、江苏的司法改革经验，将案件权重指标考核方式推广于各地法官实际工作量的评估测算，通过对法官定员、定岗、定额和业绩考核进行评估与论证，为审判资源优化配置与法官员额动态调整提供依据。而这对案件繁简分流来讲意义尤为重大。这是因为，通过较大范围、较长周期的定量分析，透过对不断变化的各种情况进行分析比较，从案件审理过程中抽象出各类案件某些共性的规律性因素，可以成为案件繁简分流的依据。考虑到基层法院的收案特点，案件类型复杂、总体数量大，除了分为独任制团队、合议制团队，还可以在其中成立专业的审判团队，每个团队审理的案件类型相对固定，集中审理一或二种类型的刑事案件，根据每类团队审理的案件数量对人员构成进行相应调整。此外，应当推进审判辅助实务集中管理，负责文书送达、排期开庭、文书上网、归档等审判辅助事务，最大限度地优化审判资源。

## 五、完善社区矫正工作机制

自刑事速裁试点、认罪认罚从宽试点开展以来，纳入社区矫正工作范围的对象不断增多，从而对我国社区矫正工作机制提出了新要求。《认罪认罚试点办法》在强制措施和刑事处罚两方面都提出了程序上和量刑上的优待，如将认罪认罚作为司法机关对被告人社会危险性的权量因素，若社会危险性低则可以取保候审、监视居住；对刑事速裁案件中不具有法定减轻处罚情节的被告人，也可以从轻处罚。根据前文的实证调研可见，自速裁程序试点以来，大量轻微刑事案件得到有效、迅速的处理。2018 年《刑事诉讼法》正式确立刑事速裁程序、认罪认罚从宽制度的法律地位以后，可以预见有更多的轻罪案件会从快从轻处罚，被采取非羁押强制措施、非监禁刑的被告人也将增多，这意味着社会矫正对象的数量也会增长。因此，为了保证刑事速裁程序取得较好效果，应当完善社区矫正机制并实现两者之间的有效衔接。

一方面，应当完善社会调查评估机制。在我国，由县级司法行政机关对拟适用社区矫正的被告人、罪犯的居住社区影响、家庭教育情况、一贯表现、居委会（村委会）意见、被害人意见等进行调查并成为评估意见提交有关单位。在刑事速裁试点工作中，部分地区也制定了社会调查评估细则，但是实践运行中依然出现了衔接不畅的问题。在社会调查评估的内容上，评估的内容不仅包括评估是否适合社区矫正，还包括评估社区矫正人员的风险等级，再据此进行分类管理，对社会危险性较大的人员强化监管教育，对社会危险性较小的人员降低投入成本，从而科学配置司法资源。国外非常注重量式风险评估，并且研发了如危险评估指南、爱荷华罪犯危险评估指南等风险评估工具。对此，我们可以借鉴国外经验，根据社区矫正人员心理、生理与社会性因素，以及矫正人员在犯罪前后、矫正期间的表现，尝试构建风险评估机制，坚持定性与定量相结合的方式来进行评估，将之贯彻到社区监管项目的选择与适用过程中。此外，在社会调查评估方式上，可以采用“可选择性评估”，对于可能判处一年有期徒刑以下刑罚的案件，简化或取消社会调查评估程序，不能因为调查评估没有作出而影响速裁案件的办理。

另一方面，应当适当增加社区矫正的处遇形态。目前域外法治国家大多针对不同的矫正对象设置了不同形态的处遇方式，例如中途之家、观护制度、社区服务、罚金及补偿金等。而对于管制、缓刑、假释、监外执行的矫正对象，处遇形态却大致相同，缺少特殊性和专门性。随着刑事速裁程序、认罪认罚从宽制度的扩大实施，必将有更多的罪犯进行社区矫正，显然单一性质的社区矫正措施无法满足其需求。本书认为，应设立社区服务刑，作为可以独立适用的附加刑。一方面，可将社区服务刑与宣告缓刑并科，作为对犯罪性质不同的罪犯的差别化处置措施；另一方面，可以单科社区服务刑，主要适用于可能判处一年以下监禁刑的罪犯。社区服务刑的具体设计，可以借鉴英国的社区服务令，设定服务时间的长短、完成时限及其他要求。

# 参考文献

## 一、中文著作类

[1] 艾静:《我国刑事简易程序的改革和完善》，法律出版社 2014 年版。

[2] 陈光中、[德]汉斯·约格·阿尔布莱希特:《中德不起诉制度比较研究》，中国检察出版社 2002 年版。

[3] 陈光中、江伟:《诉讼法论丛》，法律出版社 1998 年版。

[4] 陈卫东:《被告人认罪案件简化审理程序》，中国检察出版社 2004 年版。

[5] 陈瑞华:《刑事审判原理论》，北京大学出版社 1997 年版。

[6] 陈瑞华:《刑事诉讼的中国模式》，法律出版社 2010 年版。

[7] 陈严法:《认罪认罚从宽制度研究》，法律出版社 2017 年版。

[8] 林益俊:《程序正义与诉讼经济——刑事诉讼法专题研究》，元照出版公司 1997 年版。

[9] 程味秋:《程味秋文集：中外刑事诉讼比较与借鉴》，中国法制出版社 2001 年版。

[10] 郭云忠:《刑事诉讼谦抑论》，北京大学出版社 2008 年版。

[11] 樊崇义等:《正当法律程序研究：以刑事诉讼程序为视角》，中国人民公安大学出版社 2005 年版。

[12] 冯喜恒:《刑事速审权利研究》，中国政法大学出版社 2013 年版。

[13] 胡铭、赵骏、周翠:《转型社会多元纠纷解决》，知识产权出版社 2011 年版。

[14] 黄豹:《刑事诉权研究》，北京大学出版社 2013 年版。

[15] 姜涛:《刑事程序分流研究》，人民法院出版社 2007 年版。

[16] 冀祥德:《建立中国控辩协商制度研究》，北京大学出版社 2006 年版。

[17] 柯葛壮:《刑事诉讼法比较研究》，法律出版社 2012 年版。

[18] 梁迎修:《法官自由裁量权》，中国法制出版社 2005 年版。

[19] 刘少军:《刑事审判中的对抗与合意》，中国人民公安大学出版社 2009 年版。

[20] 马贵翔:《刑事简易程序概念的展开》，中国检察出版社 2005 年版。

[21] 邱兴隆、许章润:《刑罚学》，中国政法大学出版社 1999 年版。

[22] 宋英辉:《刑事诉讼原理导读》，中国检察出版社 2008 年版。

[23] 石晓波:《公诉裁量权研究》，知识产权出版社 2013 年版。

[24] 沈德咏:《严格司法与诉讼制度改革》，法律出版社 2017 年版。

[25] 潘金贵等:《轻微刑事案件快速办理机制研究》，中国检察出版社 2015 年版。

[26] 汪建成、甄贞:《外国刑事诉讼第一审程序比较研究》，法律出版社 2007 年版。

[27] 汪海燕:《刑事诉讼法律移植研究》，中国政法大学出版社 2015 年版。

[28] 王新清等:《刑事诉讼程序研究》，中国人民大学出版社 2009 年版。

[29] 魏晓娜:《刑事正当程序原理》，中国人民公安大学出版社 2006 年版。

[30] 谢振民:《中华民国立法史（下）》，中国政法大学出版社 2000 年版。

[31] 叶希善:《犯罪分层研究》，中国人民公安出版社 2007 年版。

[32] 姚显森:《当事人和解的公诉案件诉讼程序研究》，法律出版社 2015 年版。

[33] 左卫民等:《简易刑事程序研究》，法律出版社 2005 年版。

[34] 张建伟:《刑事司法：多元价值与制度配置》，人民法院出版社 2003 年版。

[35] 张智辉:《辩诉交易制度比较研究》，中国方正出版社 2009 年版。

## 二、译著类

[36] [美]理查德・谢弗著，刘鹤群、房智慧译:《社会学与生活（第 9

版）》，世界图书出版公司北京公司 2006 年版。

[37] [美]萨默斯：《美国实用工具主义法学》，中国法制出版社 2010 年版。

[38] [美]威廉·詹姆士著，李步楼译：《汉译世界学术名著丛书实用主义》，商务印书馆 2012 年版。

[39] [美]爱伦·豪切斯泰勒·斯黛丽、[美]南希·弗兰克著，陈卫东、徐美君译：《美国刑事法院诉讼程序》，中国人民大学出版社 2002 年版。

[40] [美]菲利：《程序即是惩罚：基层刑事法院的案件处理》，中国政法大学出版社 2014 年版。

[41] [德]克劳思·罗科信著，吴丽琪译：《刑事诉讼法（第 24 版）》，法律出版社 2003 年版。

[42] [德]汉斯·海因里希·耶赛克、[德]托马斯·魏根特著，徐久生译：《德国刑法教科书（总论）》，中国法制出版社 2001 年版。

[43] [法]米海依尔·戴尔玛斯-马蒂著，卢建平译：《刑事政策的主要体系》，法律出版社 2000 年版。

[44] [日]松尾浩也著，丁相顺译：《日本刑事诉讼法新版（上）》，中国人民大学出版社 2005 年版。

[45] [日]田口守一著，刘迪等译：《刑事诉讼法》，法律出版社 2000 年版。

[46] [日]西原春夫：《日本刑事诉讼法的形成与特色》，法律出版社 1997 年版。

[47] [日]土本武司：《日本刑事诉讼法要义》，五南图书出版公司 1997 年版。

[48] [意]切萨雷·贝卡里亚著，黄风译：《论犯罪与刑罚》，中国法制出版社 2002 年版。

[49] [意]切萨雷·贝卡里亚著，黄风译：《论犯罪与刑罚》，中国法制出版社 2015 年版。

[50] [英]麦高伟、[英]杰弗里·威尔逊著，刘立霞等译：《英国刑事司法程序》，法律出版社 2003 年版。

[51] [英]麦高伟、[英]切斯特·米尔斯基著，陈碧、王戈等译：《陪审制度与辩诉交易 一部真实的历史》，中国检察出版社 2006 年版。

[52] [英]杰奎琳·霍奇森著，张小玲、汪海燕译：《法国刑事司法——侦察与起诉的比较研究》，中国政法大学出版社 2012 年版。

[53] 卞建林译：《美国联邦刑事诉讼规则和证据规则》，中国政法大学出版社 2009 年版。

[54] 黄风译：《意大利刑事诉讼法典》，中国政法大学出版社 1994 年版。

[55] 李昌珂译：《德国刑事诉讼法典》，中国政法大学出版社 1995 年版。

[56] 罗结珍译：《法国刑事诉讼法典》，中国法制出版社 2006 年版。

[57] 宋英辉译：《日本刑事诉讼法》，中国政法大学出版社 2000 年版。

[58] 徐久生、庄敬华译：《德国刑法典》，中国法制出版社 2004 年版。

[59] [英]迈克·麦康维尔、岳礼玲：《英国刑事诉讼法（选编）》，中国政法大学刑事法律研究中心编译，中国政法大学出版社 2001 年版。

## 三、期刊类

[60] 北京市人民检察院课题组：《轻微刑事案件司法处置实证研究》，《法学杂志》2014 年第 7 期。

[61] 蔡维力：《刑事程序多元化与刑罚相对个别化的契合：论刑事司法改革对现代刑罚观的应然回应》，《法律科学（西北政法大学学报）》2012 年第 1 期。

[62] 陈光中：《严打与司法公正的几个问题》，《中国刑事法杂志》2002 年第 2 期。陈瑞华：《论彻底的事实审 重构我国刑事第一审程序的一种理论思路》，《中外法学》2013 年第 3 期。

[63] 陈瑞华：《“认罪认罚从宽”改革的理论反思——基于刑事速裁程序运行经验的考察》，《当代法学》2016 年第 4 期。

[64] 陈卫东、刘计划：《论刑事程序正当化》，《刑事司法论坛》1999 年第 0 期。陈卫东、胡晴晴：《刑事速裁程序改革中的三重关系》，《法律适用》2016 年第 10 期。

[65] 陈永生：《论直接言辞原则与公诉案卷的移送及庭前审查》，《法律科学》2001 年第 3 期。

[66] 敦宁：《后劳教时代的刑事制裁体系新探》，《法商研究》2015 年第

2 期。

[67] 樊崇义:《刑事速裁程序：从“经验”到“理性”的转型》,《法律适用》2016 年第 4 期。

[68] 冯喜恒:《刑事处罚令程序中的量刑协商——德国的实践及其对我国设立认罪认罚从宽制度的启示》,《浙江理工大学学报》2016 年第 4 期。

[69] 高通:《刑事速裁程序证明标准研究》,《法学论坛》2017 年第 2 期。

[70] 顾永忠:《解读繁简分流的新视角》,《中外法学》2007 年第 6 期。

[71] 顾永忠:《以审判为中心背景下的刑事辩护突出问题研究》,《中国法学（文摘）》2016 年第 2 期。

[72] 高通:《刑事速裁程序证明标准研究》,《法学论坛》2017 年第 2 期。

[73] 贾志强:《“书面审”抑或“开庭审”：我国刑事速裁程序审理方式探究》,《华东政法大学学报》2018 年第 4 期。

[74] 胡星昊:《刑事速裁程序的另一种思路》,《北方法学》2017 年第 7 期。

[75] 李本森:《法律中的二八定理：基于被告人认罪案件审理的定量分析》,《中国社会科学》2013 年第 3 期。

[76] 李本森:《我国刑事案件速裁程序研究：与美、德刑事案件快速审理程序之比较》,《环球法律评论》2015 年第 2 期。

[77] 李本森:《刑事速裁程序的司法再造》,《中国刑事法杂志》2016 年第 5 期。

[78] 李本森:《刑事速裁程序试点实效检验——基于 12666 份速裁案件裁判文书的实证分析》,《法学研究》2017 年第 5 期。

[79] 李本森:《刑事速裁程序试点研究报告——基于 18 个试点城市的调查问卷分析》,《法学家》2018 年第 1 期。

[80] 刘广三、李艳霞:《我国刑事速裁程序试点的反思与重构》,《法学》2016 年第 2 期。

[81] 苏喜民、李玉川:《刑事案件速裁程序与刑事简易程序之比较》,《中国检察官》2014 年第 17 期。

[82] 刘方权:《刑事速裁程序试点效果实证研究》,《国家检察官学院学报》2018 年第 2 期。

[83] 卢建平、叶良芳:《重罪轻罪的划分及其意义》,《法学杂志》2005 年

第 5 期。

[ 84 ] 孟昭文、邱伯友、胡崇安:《轻微刑事案件快速办理的现状分析》,《法学杂志》2010 年第 3 期。

[ 85 ] 闵春雷:《刑事庭前程序研究》,《中外法学杂志》2007 年第 2 期。

[ 86 ] 莫洪宪、王树茂:《刑法谦抑性论纲》,《中国刑事法杂志》2004 年第 1 期。施鹏鹏:《法国公诉替代程序研究——兼评“自然演进”型的司法改革观》,《比较法研究》2015 年第 5 期。

[ 87 ] 石魏:《刑事速裁程序存在的问题及完善建议——兼论刑事速裁程序与轻刑快审程序之异同》,《西华大学学报(哲学社会科学版)》2015 年第 6 期。

[ 88 ] 宋远升:《刑事速裁程序的理论反思与重构》,《上海政法学院学报》2017 年第 4 期。

[ 89 ] 汪海燕:《论刑事庭审实质化》,《中国社会科学》2015 年第 2 期。

[ 90 ] 汪建成:《以效率为价值导向的刑事速裁程序论纲》,《政法论坛》2016 年第 1 期。

[ 91 ] 辛素、秦文超:《日本微罪处分制度及其借鉴意义》,《预防青少年犯罪研究》2012 年第 2 期。

[ 92 ] 熊秋红:《审判中心视野下的律师有效辩护》,《当代法学》2017 年第 6 期。

[ 93 ] 元轶:《程序分流视角下的意大利刑事诉讼改革》,《比较法研究》2011 年第 5 期。

[ 94 ] 姚莉:《探索公正司法的中国经验(新论)》,《人民日报》2017 年 9 月 11 日第 5 版。

[ 95 ] 姚莉:《公正司法让人民有更多获得感》,《求是》2018 年第 9 期。

[ 96 ] 姚莉:《认罪认罚案件中值班律师的角色》,《法商研究》2017 年第 6 期。

[ 97 ] 詹建红、李纪亮:《困境与出路:我国刑事程序分流的制度化》,《当代法学》2011 年第 6 期。

[ 98 ] 张宝:《刑事速裁程序的反思与完善》,《法学杂志》2018 年第 4 期。

[ 99 ] 张吉喜:《被告人认罪案件处理程序的比较考察》,《时代法学》2009 年第 3 期。

[100] 张少波:《公诉环节程序分流机制的反思与完善: 以 2009—2012 年 D 检察院不起诉制度运行状况为分析视角》,《中国刑事法杂志》2013 年第 8 期。

[101] 赵恒:《刑事速裁程序试点实证研究》,《中国刑事法杂志》2016 年第 2 期。

[102] 赵恒:《论量刑从宽——围绕认罪认罚从宽制度的分析》,《中国刑事法杂志》2018 年第 4 期。

[103] 甄贞:《英国附条件警告制度及其借鉴意义》,《法学家》2011 年第 4 期。郑丽萍:《轻罪重罪之法定界分》,《中国法学》2013 年第 2 期。

[104] 郑曦:《英国被告人认罪制度研究》,《比较法研究》2016 年第 4 期。

[105] 周光权:《积极刑法立法观在中国的确立》,《法学研究》2016 年第 4 期。周长军、李军海:《完善刑事速裁程序的理论构想》,《法学》2017 年第 5 期。

[106] 左卫民:《刑事诉讼的经济分析》,《法学研究》2005 年第 4 期。

[107] 左卫民:《挑战与回应: 关于法律实证研究的若干阐述》,《中国法律评论》2018 年第 6 期。

## 四、外文类

[108] Brooks, Brian P. A new speedy trial standard for Barker v Wingo: Reviving a constitutional remedy in an age of statutes, The University of Chicago Law Review, 1994.

[109] Black's Law Dictionary, 9th ed. West Group, 2009.

[110] Santonella. V, New York: 404, U. S, 1971.

[111] Frank H. Stephen, Giorgio Fazio and Cyrus Tata. Incentives, criminal defence lawyers and plea bargaining, International Review of Law and Economics, 2008.

[112] John H. Langbein, The Origins of Adversary Criminal Trial 16—17, Oxford University Press, 2003.

[113] John Sprack, A Practical Approach to Criminal Procedure 117, 14th ed. ,

Oxford University Press，2012.

[114] Mathew Hale，The History of the Pleas of the Crown 225，E. and R. Nutt，R. Gosling，1736.

[115] Roger Bowles，Sentencing Discounts，Attorney Compensation and Plea Bargaining in Criminal Cases，Review of Law & Economics，2015.

[116] Saltzburg，Stephen A.，Capra，Daniel J.，American Criminal Procedure (cases and commentary)，West Publishing Co. 4th. ed..

[117] Sarah Armstrong，Capacity as Philosophy：A Review of Richard Lippke's，The Ethics of Plea Bargaining，Criminal Law and Philosophy，2014.

[118] See Douglas D. guidorizzi，should we really "ban" plea bargaining? The core concerns of plea bargaining critics，emory law journal，volume 47，1998.

[119] Steven M. Cox，John E. Wade，The Criminal Justice Network，McGRaw-Hill Company，1998.

[120] William T. Pizzi，Luca Marafioti，The New Italian Code of Criminal Procedure：the Difficulties of Building an Adversarial Trial System on a Civil Law Foundation，The Yale Journal of International Law (5，1992).

## 五、学位论文

[121] 陈超：《意大利刑事特别程序研究》，西南政法大学2010年。

[122] 陈海锋：《刑事审查起诉程序正当性完善研究》，华东政法大学2013年。

[123] 陈实：《我国刑事审判实效问题研究》，中南财经政法大学2013年。

[124] 胡婧：《刑事审判程序分流研究》，中国政法大学2018年。

[125] 姜涛：《刑事程序分流研究》，中国政法大学2004年。

[126] 黎晓露：《刑事程序分流制度研究》，中南财经政法大学2017年。

[127] 周金明：《我国刑事速裁程序研究》，吉林大学2018年。